호기심 소녀의 아주 특별한 세계 견문록

여성 인물

※ **일러두기** 이 책에 나오는 주인공과 실존 인물의 일화는 사실을 바탕으로 각색한 허구의 이야기입니다.

호기심 소녀의 아주 특별한 세계 견문록: 여성 인물

초판 1쇄 발행 2021년 3월 8일
초판 2쇄 발행 2025년 11월 5일

글 박현숙
그림 김병하

펴낸곳 도서출판 개암나무(주)
펴낸이 김보경
경영관리 총괄 김수현   **경영관리** 배정은 조영재
편집 조원선 김소희 오은정 이혜인   **디자인** 이은주   **마케팅** 이기성
출판등록 2006년 6월 16일 제22-2944호

주소 서울특별시 용산구 한남대로40길 19, 4층(한남동, JD빌딩) (우)04417
전화 (02)6254-0601, 6207-0603   **팩스** (02)6254-0602   **E-mail** gaeam@gaeamnamu.co.kr
개암나무 블로그 http://blog.naver.com/gaeamnamu   **개암나무 카페** http://cafe.naver.com/gaeam

ⓒ 박현숙, 김병하, 2021
이 책의 저작권은 저자에게 있습니다. 저자와 출판사의 허락 없이 내용의 일부를 인용하거나 발췌하는 것을 금합니다.

ISBN 978-89-6830-624-2 73380

품명 아동 도서 | **제조년월** 2025년 11월 5일 | **사용연령** 8세 이상
제조자명 개암나무(주) | **제조국명** 대한민국 | **전화번호** 02-6254-0601
주소 서울특별시 용산구 한남대로40길 19, 4층(한남동, JD빌딩)

호기심 소녀의 아주 특별한 세계 견문록

여성 인물

김병하 그림
박현숙 글

개암나무

등장 인물 소개

홍가시
양반 가문인 홍씨 집안의 막내딸로, 총명하고 씩씩하다.
삐죽 솟은 댕기 머리를 휘날리며, 남다른 호기심을 해결하기 위해
날마다 여기 기웃 저기 기웃한다.
'감히 여자가 어떻게!'라는 편견에 굴하지 않고
자신이 진짜 가고 싶은 길을 찾기 위해 노력한다.
어느 날 이화 학당의 오서현 선생님을 만난 이후로
시간과 공간을 넘나들며 전 세계를 여행하고,
새로운 문화와 사람들을 만나며 꿈을 찾아간다.

홍가연
가시의 쌍둥이 언니. 가시와 달리 내성적이고 순종적이다.
'여자는 조신하고 남편을 잘 섬겨야 한다.'라는
어른들의 사고방식을 따르는 전형적인 조선 시대 여성이다.
그러나 자신의 꿈을 찾아 나서는 가시가
한편으로는 부럽기도 하다.

가시 아버지
가부장적이다. 마음속으로는 누구보다 딸들을 사랑하지만 표현이 서툴다.

양산댁
가시네 집안의 하인이자 조중이의 엄마. 어릴 때부터 돌봐 온 가시가 어른들 말대로 시집가서 잘 살기를 바란다.

말자
가시의 단짝. 바느질을 매우 잘한다.

형부
가시 큰언니의 남편. 술을 좋아하고 괴팍하여 가시 언니를 못살게 군다.

오서현

가시 친구 말자의 사촌 언니이자,
이화 학당에 새로 부임한 선생님.
공부하고 싶어 먼 나라에 유학까지 다녀온 신여성이다.
시공간을 뛰어넘어 전 세계를 여행한 경험을 바탕으로
가시가 자신의 길을 찾을 수 있도록 도와준다.

조중이

가시네 집안 하인.
어릴 적부터 가시와 함께한 단짝이자,
집안의 여러 소식을 가시에게 전해 주는 소식통이다.
가시 때문에 어른들에게 혼나면서도
늘 가시 편인 든든한 조력자다.

그 외 사람들

말랄라 유사프자이   엘리자베스 블랙웰   마리 퀴리   박병선   아멜리아 에어하트

"그냥 확 집을 나와 버리라고 해. 왜 못 나와? '나는 간다.' 이러고 대문을 뻥, 차고 나오면 되는 거지. 아이고, 답답해!"
조중이의 말을 듣는 순간 가시는 하도 답답해서 속이 터지려고 했다.
밥보다 술을 더 좋아하는 형부는 어젯밤에도 술에 잔뜩 취해 집에 왔다고 한다.
그러고는 큰언니보고 '아줌마는 누구예요? 우리 집에서 나가시지요.' 이러면서 큰언니를 대문 밖으로 밀어내려고 했단다.
당황한 큰언니가 '당신 아내입니다.'라고 했더니

'무슨 그런 말씀을, 나는 총각입니다.' 하고 화를 냈다고 한다.
어젯밤 큰언니 집에 있었던 일을
양산댁 아들 조중이가 듣고 와서 전했다.
가시는 형부를 발로 뻥 차 버리고, 불쌍한 언니를 데려오고 싶었다.
"여자가 한 번 시집가면 끝이지,
남편과 다퉜다고 해서 집을 나온다는 게 말이 되나요?
아가씨도 혼인해 보면 알 거예요."
"나는 시집 안 가."
가시가 딱 잘라 말했다. 양산댁이 허공을 향해 피식 웃었다.
시집가나, 안 가나 두고 보자는 뜻이다.

"시집가서 시부모님 잘 모시고 남편 섬기는 일이
여자가 걸어가야 할 길이에요."
"길이 왜 그것밖에 없다고 생각해? 나는 다른 길을 찾아볼 거야."
가시는 양산댁의 말이 못마땅했다.
큰언니는 글솜씨가 뛰어나다. 그림도 잘 그린다.
여자로 태어난 걸 아버지가 안타까워할 정도였다.
'꼭 남자로 태어나야 하고 싶은 거 하고 사나?
여자도 하고 싶은 거 하고 대우받으며 살면 안 되나?'
가시는 요즘 이런 생각을 많이 한다.
'이번에는 그냥 넘어가면 안 되겠어.'
가시는 형부를 혼내 줄 방법을 고민하다 좋은 생각이 떠올랐다.
"언니, 우리 둘이 힘을 합해서 형부를 골탕 먹이자."
가시는 쌍둥이 언니 가연이에게 자신의 계획을 말했다.
가시 계획을 듣고 난 가연이는 펄쩍 뛰었다.
"말도 안 돼. 어떻게 형부한테 그런 식으로 망신을 줘?
큰언니가 형부 때문에 고생하는 건 알지만
여자는 그런 것을 다 참아야 한다고 배웠어.
그러다 도리어 큰언니를 더 곤란하게 만들면 어떡해?"
'곤란하게 만들기는 무슨. 해 보지도 않고 저런담.'
가시는 가연이가 앞뒤 꽉 막힌 것 같아 답답했다.

가시는 조중이를 은밀히 불러 자신의 계획을 얘기했다.

가시와 조중이는 눈만 봐도 무슨 말을 하려는지 알아차릴 정도로 마음이 잘 통했다.

조중이는 가시의 계획을 듣고 고개를 끄덕이다 물었다.

"그런데 꼭 그런 방법을 써야 해요? 더럽잖아요."

"응. 형부를 혼내 주려면 그 방법이 최고야."

"뭐, 정 그러시다면 해야겠지요."

가시와 조중이는 철두철미하게 계획을 세웠다.

칠흑같이 어두운 밤,

둘은 변소에서 똥을 한 양동이 퍼 담아

집 밖으로 나왔다.

"며칠 동안 형부 뒤를 미행했는데, 형부는 주막에서 나와

길을 걸을 때 항상 오른쪽으로 치우쳐서 걸어.

이쯤에 웅덩이를 파면 성공할 거야."

가시와 조중이는 사람 무릎 정도 오는 깊이의 웅덩이를 파고

그 안에 똥을 쏟아부었다.

잠시 후 형부가 술에 취해 주막에서 나왔다.

비틀비틀, 흐느적흐느적, 가시 말대로 형부는 점점 오른쪽으로 기울어졌다.

조금만, 조금만 더! 가시는 마음속으로 외쳤다.

"으아아악!"
"푸하하하."
형부가 똥 웅덩이에 풍덩 빠지자 가시는 웃음을 터뜨렸다.
속이 시원했다.

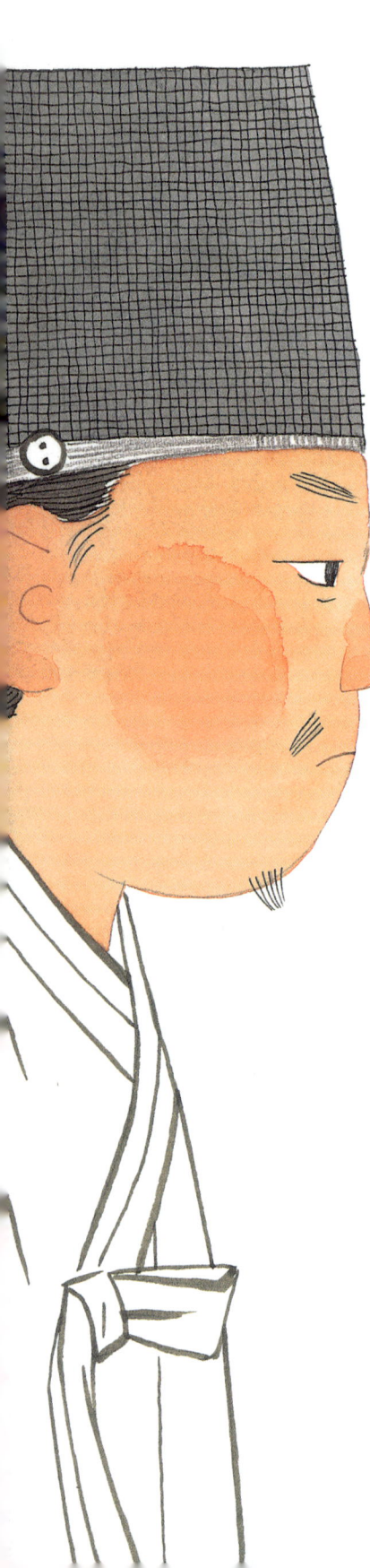

다음 날 가시는 아버지에게 된통 야단을 맞았다.
형부가 도망가는 가시와 조중이
뒷모습을 봤던 거다.
"도대체 가시 너는 어찌 그리 볶은 콩 같으냐?
언제 어디로 튀어 무슨 짓을 할지 몰라
불안하기만 하구나."
아버지에게 혼나던 가시는 점점 열이 올랐다.
"아버지는 큰언니가 불쌍하지도 않으세요?
언니가 그런 대접을 받고 사는데
왜 그냥 두고만 보세요?
여자라서요?
여자는 무조건 참고 살아야 하나요?
아버지, 그러지 마시고 형부를 불러
따끔하게 야단 좀 치세요.
아니면 큰언니를 집으로 데리고 오든가요."

"너 그걸 말이라고 하느냐? 아이고, 딸자식 교육을
잘못 시켰다는 말을 들을까 봐 걱정이다.
이러다 혼처도 안 들어오면 어쩔꼬."
"웬 걱정이래요? 시집 안 가면 되는 거지요."
"떽! 그걸 말이라고 하느냐?"
아버지는 가시가 하는 말마다
말이 안 된다고 했다.
"얼른 좋은 혼처 찾아서 시집보내야겠다.
그냥 두면 안 되겠어."
아버지는 곧바로 중매하는 할멈을 불렀다.
"쌍둥이 둘 다 혼처를 알아봐 주게.
특히 가시가 급하니 가시에게
신경 좀 써 주면 내 그 고마움을 잊지 않겠네."
아버지는 중매하는 할멈에게
당부했다.

하지만 중매하는 할멈이 아무리 신경을 써도 소용없었다.
가연이에게만 줄줄이 혼담이 들어왔다.
"작은 따님은 천방지축이라고 소문이 나서
며느리로 맞아들이겠다고 나서는 댁이 없습니다."
아버지와 어머니는 애가 탔지만 가시는 대만족이었다.
"아주 잘되었어."
그러던 어느 날, 밖에 나갔던 조중이가
걱정이 가득한 얼굴로 돌아왔다.
"이 말을 해야 하나 말아야 하나. 당연히 해야겠지요?"
조중이가 가시 눈치를 보며 우물쭈물했다.
"할 말이 있으면 당연히 해야지. 무슨 일인데?"
"마님께서 마음에 들어 하시는, 가연 아가씨 신랑감 말인데요.
싸돌아다니기를 좋아해서 단 하루도
집에 붙어 있지를 않는다고 해요.
또, 못 나가게 하면 소리 지르고 물건 집어 던지고
그런 난리가 없대요."
"세상에, 물건을 집어 던져?"
"그뿐이면 말도 안 해요. 못 나가게 잡으면 무조건 난동을 부린대요.
물건을 하도 던져서 남아나지 않는다던데요.
혼인을 시키면 집에 좀 붙어 있을까 싶어서

서두르는 거라는데, 그런 집에 시집가면 큰일 아닌가요?"
"안 되지, 절대!"
가시는 당장 가연이에게 그 소식을 전했다.
"그렇다고 부모님이 정한 혼처를 어떻게 싫다고 해?
그리고 소문과 다를 수도 있잖아?"
가연이는 답답한 소리를 했다.
"좋아. 내가 직접 가서 눈으로 보고 올게.
소문이 사실이면 그때는 시집 안 간다고
아버지한테 말해야 해. 알았지?"

가시는 그 집에서 허드렛일하는 사람을 꾀어
가연이의 신랑감이 집에 있는 날을 알아냈다.
달도 빛도 없는 으슥한 밤, 조중이와 가시는 그 집 담장을 넘었다.
"너는 여기서 망 잘 보고 있어."
가시가 조중이에게 당부하고 돌아서는 순간이었다.
사랑채 쪽에서 쩌렁쩌렁한 고함이 들렸다.
가시는 몸을 숙이고 재빨리 사랑채를 향해 달렸다.
"내가 나가겠다는데 네가 뭔데 말려? 이거 놔, 으아아악!"
목소리가 얼마나 큰지 고막이 터져 나갈 것 같았다.
우당탕탕! 뭔가 집어던지는 소리도 났다.
"아휴, 소문이 딱 맞는군."
가시는 고개를 저으며 한숨을 쉬었다. 그때였다.
"누구냐?"
시커먼 그림자가 가시 앞에 떡하니 나타났다.
이 집의 안주인 어른이었다. 깜짝 놀란 가시가 엉덩방아를 찧었다.

지난밤 월담 사건으로 가시에게 외출 금지령이 떨어졌다.
가시는 답답해 죽을 지경이었다.
그런 가시를 위해 옆집에 사는 말자가 수시로 놀러 왔다.
말자는 인형 만들기를 좋아해서 매일 헝겊 조각으로 바느질을 했다.
"너는 이러고 앉아 있는 게 하나도 안 답답하냐?
바깥세상이 궁금하지 않으냐고!"
"하여간 가시 너는 못 말려. 뭐가 그렇게도 궁금하니?
꼭 우리 사촌 언니하고 똑같아. 서현이 언니 말야.
그 언니도 궁금한 게 많았거든. 악착같이 공부하더니
얼마 전부터 이화 학당에서 학생들을 가르친대."
"이화 학당에서? 서현이 언니는 시집갔다고 하지 않았니?"

"응, 일본 유학까지 다녀온 남자와 혼인했어.
언니가 혼인하고 나서도 계속 공부하고 싶어 했는데,
얼마나 간절해 했는지 신랑이 그렇게 소원이면
공부해 보라고 도와주었대.
원래 이화 학당에는 결혼한 여자가 들어갈 수 없는데
공부하고 싶어 하는 마음이 하도 크니까 받아 줬대.
이화 학당에서 공부하고 나서는 먼 나라에 유학까지 다녀오더니
얼마 전에 이화 학당 선생님이 된 거지."
"우아……."
가시는 진심으로 서현이 언니가 부러웠다.
꼭 서현이 언니를 만나 보고 싶었다.

다음 날 가시는 조중이를 불렀다.

"나, 오늘 이화 학당에 갈 거야. 어머니 아버지가 날 찾으면 적당히 둘러대 줘."

"이화 학당에는 왜요?"

"말자 사촌인 서현이 언니가 이화 학당에서 학생들을 가르친대. 서현이 언니는 조선의 여자들과 다른 길을 걷고 있잖아. 만나서 듣고 싶은 이야기가 많아."

"저도 같이 가요. 바늘 가는 데 실도 따라가야지요."

"이화 학당에는 남자가 들어갈 수 없을 텐데……. 그래, 여장하면 되겠다!"

가시는 곧장 자신의 옷을 조중이에게 입혔다.

둘은 아무도 몰래 집에서 나와 이화 학당에 도착했다.

"오서현 선생님이 어디 계시지? 에구머니나!"

가시와 조중이는 여기저기 기웃거리다 소스라치게 놀랐다.

"아이고 망측해라."

가시와 조중이는 약속이나 한 듯 눈살을 찌푸렸다.

큰 방에서 여학생들 몇몇이 속곳˙ 같은 바지를 입고 다리를 번쩍번쩍 들고 가랑이를 쫙쫙 벌리며 뛰고 있었다.

속곳 조선 시대에 속옷과 속바지를 이르던 말.

"저래도 되는 거예요? 다 큰 처녀들이 저래도 되는 거냐고요!"
조중이는 고개를 절레절레 저었다.
가시가 하루에 백 번도 넘게 듣는 말이 '여자는 걸을 때
발꿈치부터 발끝까지의 거리만큼 보폭을 벌려
사뿐사뿐 걸어야 한다.'였다.
"그러게. 그런데 대체 뭐하는 거지?"
"가만 보니 동작이 규칙적이에요. 똑같은 동작을 반복하고 있고요.
무작정 뛰는 건 아닌가 봐요."
조중이가 말했다. 가시는 놀란 가슴을 진정시키고
여학생들이 뛰는 모습을 지켜봤다. 조중이 말대로였다.
"자꾸 보니 망측스러운 마음이 싹 사라지네."
가시는 슬슬 여학생들을 따라 했다.
망측스럽기는커녕 따라 하면 할수록 신나고 재미있었다.
"하나 둘, 하나 둘."
조중이는 치마가 허리에서 흘러내리는 것도 모르고
박자를 맞추며 팔짝팔짝 뛰었다.
"조심해."
가시가 말하고 나서야 조중이는 화들짝 놀라
얼른 치마를 끌어 올렸다.
"누구니?"

그때 양장을 차려입고 곱슬머리를 한 여자가 나타났다.
"예? 아, 예, 저는 호, 홍가시라고 하는데
오서현 훈장님, 아니 선생님을 찾아왔습니다."
"내가 오서현인데, 왜 나를 찾아왔니?"
"안녕하세요, 저는 말자 친구 홍가시예요. 선생님께 여쭤보고
싶은 게 있어서 왔어요."
"아, 네가 그 천방지축 친구구나."
오서현 선생님이 쿡쿡 웃었다.
"잘 왔어. 나를 따라오렴."

가시와 조중이는 오서현 선생님을 따라 교사실로 갔다.
"선생님, 아까 그 방에서 여학생들이 뭘 하던 건가요?
해괴망측해 보였는데 따라 하니 재미있고 신나더라고요.
왜 그런 동작을 하고 있던 거예요?"
"해괴망측이라니, 호호. 몸을 건강하게 하기 위해
체조하는 거란다.
체조 때문에 유생들이 한바탕 난리가 났었지."
"저도 큰 걸음으로 걸으면 상스럽다고 배웠어요."
"그래, 그런데 팔을 번쩍번쩍 들고 가랑이를 벌리며 뛰는
체조를 하니 난리가 날 수밖에. 얼마 전에는 가문의 망신이라면서
학생을 데려간 아버지도 계셨단다.
하지만 몸은 움직여야 건강해져. 건강해야 공부도 할 수 있고."
"아무튼 재미있었어요. 기분도 좋아지고요. 체조는 제 체질 같아요."
"하하하."
가시 말에 오서현 선생님은 목을 젖히고 웃었다.
가시는 크고 시원하게 웃는 오서현 선생님을 보자
가슴이 뻥 뚫리는 듯했다.

유생 유교를 신봉하고 이를 본업으로 하는 사람.
상스럽다 말이나 행동이 보기에 천하고 교양이 없다.

"선생님은 여자인데 어떻게 남들과 다른 길을 걷게 되셨나요?"
"나는 이것저것 궁금한 게 많았고 공부를 하고 싶었거든.
하지만 부모님은 여자는 혼인을 하고
남편을 섬기는 삶을 살아야 한다고 말씀하셨단다."
"제 아버지께서도 매일 그런 말씀을 하세요."
"결국 부모님 뜻을 거역하지 못하고 혼인을 했어.
공부를 하고 싶다는 꿈을 포기한 채 말이야."
"휴. 혼인을 할 때 어떤 마음이었을지 알 것 같아요."
가시는 진심으로 오서현 선생님의 말에 공감했다.
"내 삶을 송두리째 잃은 기분이었어.
그런데 혼인을 하고 얼마 지나지 않아
우연히 어떤 사람을 만나게 되었지.
그 만남으로 용기를 내 내가 하고 싶은 일에 도전하게 되었고,
내가 절실하게 꿈에 매달리자 남편도 도와주었단다."
"누굴 만났었는데요?"
가시도 그 사람을 만나 보고 싶었다.
오서현 선생님처럼 자신의 인생도 바뀔 수 있을 것 같았다.
"그 사람은 만나고 싶다고 해서 만날 수 있는 사람이 아니야."
"누군지만 알려 주세요. 비밀로 해야 한다면 비밀로 할게요."
가시는 간절하게 조르고 또 졸랐다.

"마, 마, 말랄…… 뭐라고요? 파키……는 또 어디예요?"
가시는 오서현 선생님이 만났다는 사람의 이름을 듣고
혀를 내둘렀다.
"말랄라 유사프자이야. 파키스탄이라는 먼 나라 사람이지."
무슨 이름이 부르기 어렵고 길기도 길었다.
나라 이름도 난생처음 들어 보는 곳이었다.
하도 조르니까 이상한 이름을 대충 둘러대는 건 아닐까 하는
생각도 들었다.
"파키스탄도 조선처럼 남자만을 중요하게 생각하는 나라야.
아주 오래전부터 여성을 차별했단다.
여자는 학교에 다닐 수 없었고,
혼자 밖에 나가면 안 됐어.
어디를 가든 꼭 집안 남자와 같이 가야 했지."
"와, 조선보다 더 심하군요."
"그래, 그래서 말랄라 유사프자이는 왜 모든 여자가
남자와 다르게 살아야 하는지 끊임없이 궁금해했단다.
말랄라 유사프자이는 궁금증을 풀기 위해
가족들의 도움을 받아 학교에 다녔어."
"아이고, 그러다 큰일 나면 어쩌려고?"
조중이가 걱정스런 표정을 지었다.

"학교에 다니면서 말랄라 유사프자이는
파키스탄의 정책이 여자에게 얼마나 부당하고 차별적인지 깨닫고,
방송국을 통해 그 사실을 널리 알렸단다.
UN에서 연설도 했지.
말랄라 유사프자이의 용기로 전 세계 사람들은
파키스탄의 성차별 문제를 알게 되었어."
"방송국이 뭔가요? UN은요? 그리고 말랄라 유사프자이라는
사람으로 인해서 파키스탄 여자들은 어떻게 달라졌나요?"
"방송국과 UN을 어떻게 설명해야 하나? 말랄라 유사프자이가

사는 때는 지금부터 100년 후라 그 시대를 설명하기 참 힘들구나.
하지만 분명한 것은 말랄라 유사프자이의 용기로
파키스탄 여자들의 삶은 훨씬 더 좋아졌단다."
"100년 후요? 선생님이 그 시대 사람을 어떻게 만났나요?"
가시는 자신의 귀를 의심했다.
하지만 오서현 선생님이 거짓말하는 것 같지는 않았다.
가시가 놀라자 오서현 선생님은 '아차!' 하는 표정을 지었다.
"내가 괜한 말을 했구나. 못 들은 걸로 해라."
"이미 들은 걸 어떻게 못 들은 척해요?
그러지 말고 자세히 좀 말해 주세요, 예?"
가시는 또다시 오서현 선생님을 졸라 댔다.

"네가 정말 간절히 원한다면 스스로 알게 될 거다.
네 마음이 가장 중요하다는 얘기지."
오서현 선생님은 이렇게 말한 뒤 입을 다물었다.
가시는 집으로 돌아갈 수 없었다. 궁금한 게 해결되지 않으면
속이 답답해서 살 수 없을 것 같았다.
가시는 오서현 선생님의 집까지 쫓아갔지만,
선생님은 '네 마음이 중요하다.'라는 말밖에 하지 않았다.
"아가씨, 한밤중이에요. 이제 집에 돌아가요.
지금쯤 집에서 난리가 났을 거예요."
조중이가 걱정했지만 가시는 그럴 수 없었다.
"나는 오서현 선생님이 만났던 그 사람을 꼭 만나고 싶어.
그 사람을 만나면 내가 어떻게 해야 할지 알 수 있을 것 같아.
아, 어떻게 하면 100년 후의 사람을 만날 수 있지? 너무 답답해!"
가시는 가슴을 쳤다. 그때였다. 마루 밑에서 이상한 소리가 들렸다.
바람 소리 같기도 하고 거센 물살이 몰아치는 소리 같기도 했다.
가시는 소리의 정체를 밝히려고 마루 밑으로 기어들어 갔다.
"마루 밑에는 쥐가 있을 텐데 거긴 왜 들어갑니까?"
조중이가 말렸지만 가시는 소리가 나는 곳으로 얼굴을 들이밀었다.
"으아아악!"
가시는 순식간에 거센 회오리바람에 휩싸였다.

쿵!

가시는 어딘가로 떨어졌다. 어디에 부딪혔는지 다리에 피가 철철 흐르고 있었다.

피가 흐르는 다리를 잡고 주위를 둘러보던 가시는 깜짝 놀랐다.

바로 앞에 웬 낯선 여자가 앉아 있었다.

"누, 누, 누구세요?"

흰 피부에 부리부리한 눈, 뾰족하고 날카로운 콧날을 가진 여자였다.

조선 사람과 생김새가 딴판이었다.

여자는 얼굴에 눈물 자국이 가득했다.

"내가 묻고 싶은 말이다.

너는 누군데 함부로 남의 집 창문으로 들어오니?"

"예? 제가 남의 집에 들어왔다고요?"

가시는 그제야 자신이 낯선 방에 있다는 것을 깨달았다.

가시는 어안이 벙벙했다.

"저는 도둑이 아니라…… 제가 왜 여기에 와 있을까요?"

"내가 어찌 알겠니? 우선 다리 상처부터 치료하자."

여자가 가시 치마를 걷어 올리려고 했다.

가시는 치마를 꼭 잡았다.

"괜찮아. 나는 의사야. 같은 여자니까 마음 푹 놓으렴.

내 이름은 엘리자베스 블랙웰이란다."

여자는 가시 다리에 흐르는 피를 닦아 주고 약도 발라 주었다.

"의사는 의원을 말하는 거지요? 여자도 의원이 될 수 있는 건가요?
어떻게 의원이 된 거예요?"

"내 친구 때문이었어. 친구가 암이라는 병에 걸렸었는데
마음 놓고 치료를 받지 못했지. 그 당시에는 남자 의사들만 있었거든.
치료를 받지 못한 친구는 결국 세상을 떠났단다.
나는 친구의 죽음이 견딜 수 없을 만큼 슬펐어.
그래서 의사가 되기로 결심했지."

"공부는 어떻게 하신 거예요?"

"의사가 되려면 대학교에 다녀야 했는데 여자는 들어갈 수 없었단다.
내가 의사가 되고 싶어 하니까 많은 남자들이 빈정거리기도 했지.
여자가 무슨 의사냐고."

"정말 못됐네요. 그래서 어떻게 하셨어요?"

"나는 포기하지 않았어. 누구의 빈정거림도 마음에 새기지 않았지.
나는 당당히 대학에 들어가, 좋은 성적으로 공부를 마치고
의사가 되었어. 미국 최초의 여성 의사였지.
오늘이 마침 암으로 세상을 떠난 친구의 기일이란다.
친구를 추모하고 있는데 창문으로 바윗덩어리가 굴러들어 온 줄
알고 깜짝 놀랐구나. 자, 이제 됐다, 곧 아물 거야."

엘리자베스 블랙웰의 목소리가 다정해서 가시는 마음이 놓였다.

"고맙습니다. 저는 조선 사람 홍가시라고 하는데
저도 제가 어떻게 여기에 온 건지 알 수가 없어요.
거대한 회오리바람 속으로 빨려 들어간 것 같았는데."
"조선이라. 처음 듣는 이름인 걸 보니 아주 먼 나라 같구나.
회오리바람에 휩쓸려 이곳으로 왔다면,
혹시 호기심이 많은 아이니?"
"예. 아버지는 저보고 어디로 튈지 모르는 볶은 콩 같다고 하세요."
"흠흠, 무슨 일인지 알 거 같구나."
엘리자베스 블랙웰 얼굴에 미소가 떠올랐다.
"조선에도 여자라서 할 수 없는 일이 많아요. 정말 대단하세요."
가시는 존경의 눈초리로 엘리자베스 블랙웰을 바라봤다.
"어떤 일에 남자와 여자를 나누는 것은 옳지 않은 거란다.
나는 옳지 않다는 걸 당당히 보여 주었어.
내가 의사가 된 이후 많은 여성이 의사가 되었으니
그것도 보람 있는 일이지."
말을 하는 엘리자베스 블랙웰의 얼굴이 다부져 보였다.
"여자라고 해서 능력이 뒤지는 건 결코 아니란다.
여자라는 이유만으로 자신이 가진 능력을 펼치지 못하면
개인이나 나라나, 세계를 위해서도 슬픈 일 아니겠니?
가시야, 포기하지 말고 하고 싶은 걸 꼭 하렴."

가시는 엘리자베스 블랙웰의 말을 들으며 오서현 선생님이 말했던
말랄라 유사프자이를 떠올렸다.
엘리자베스 블랙웰과 말랄라 유사프자이는 공통점이 있었다.
자신이 원하는 것을 위해 교육을 받았다는 거다.
말랄라 유사프자이는 위험을 무릅쓰고 학교에 다녔고
엘리자베스 블랙웰은 여자라는 빈정거림과 차별을 이겨 내고
의사가 되기 위해 공부했다.
'그래서 오서현 선생님이 조선의 여자들을 가르치고 싶어 한
거구나. 하고 싶은 걸 하기 위해서는 교육이 꼭 필요한 거야.'
가시는 고개를 끄덕였다.
"배고프지 않니? 뭐라도 먹을래?
엘리자베스 블랙웰은 음식을 만들기 시작했다.
네모난 모양이 시루떡과 비슷했지만
노릇노릇하게 구워 낸 것으로 보아 떡은 아니었다.
"이게 뭔가요?"
"빵이란다. 빵에는 설탕을 듬뿍 넣어야 달콤하고 맛있는데
나는 되도록 설탕을 쓰지 않아.
노예 해방을 위해 내가 할 수 있는 일은 설탕을 먹지 않는 일이지.
노예들이 사탕수수 농장에서 얼마나 피땀을 흘리고
노동력을 착취당하고 있는지 아니?

우리 아버지는 사람은 모두 평등하다고 생각했고
노예 제도가 잘못되었다고 여겼어. 나도 마찬가지야.
내가 설탕을 먹지 않는 것은 노예 제도를 반대하고 있다는 말과 같아."
"노예가 뭔가요?"
엘리자베스 블랙웰은 미국의 노예 제도에 대해 설명해 주었다.
가시는 엘리자베스 블랙웰의 말을 들으며
양산댁과 조중이를 생각했다.
대대로 가시네 집에서 일을 하는 양산댁은 행복할까?
그리고 매일 가시를 따라다니며 가시가 잘못하면
대신 욕을 먹는 조중이의 진짜 마음은 무엇일까?
양산댁과 조중이도 걷고 싶은 길이 따로 있는 것은 아닐까?
가시는 나중에 양산댁과 조중이에게 직접 물어봐야겠다고 생각했다.
"조선에서는 여자가 갈 길은 오직 하나라고 여겨요.
시집가서 남편과 시부모님을 잘 섬기는 거요.
하지만 저는 다른 길을 걷고 싶어요."
"너는 어떤 길을 가고 싶니? 가고 싶은 길은 하고 싶은 거야.
그러니까 꿈이지. 네 꿈이 뭐니?"
엘리자베스 블랙웰의 말에 가시는 선뜻 대답하지 못했다.
막연하게 다른 길을 가고 싶다는 생각만 했을 뿐
어떤 길인지는 깊게 생각해 보지 않았다.

"아직 잘 모르겠어요."
"아, 그분을 만나면 네가 가고 싶은 길을 깊게 생각할 수 있는
기회가 될 텐데…… 아주 대단한 분이 계시거든.
나는 그분에 비하면 아무것도 아니란다.
그분은 여자로서 정말 당당하게 큰일을 하신 분이지.
어떤 분이냐면 말이다……."
그때 문이 열렸다.
"급한 환자가 왔습니다."
그 말에 엘리자베스 블랙웰은 방에서 뛰어나갔다.
'누구지? 블랙웰 선생님이 저렇게 칭찬하는 걸 보면
정말 대단한 사람 같은데. 꼭 만나 봤으며……'
그때 창문을 두드리는 소리가 들렸다.
가시가 창문을 열자 회오리바람이 방 안으로 몰아쳤다.
"으아아악."
가시는 또다시 회오리바람에 휩싸였다.

아까와 마찬가지로, 가시는 낯선 방 안에서 눈을 떴다.
웬 여자가 책상 앞에 앉아 책을 읽고 있었다.
그 주위에는 난생처음 보는 기계와 유리관들이 놓여 있었다.
'저 사람이 이 방의 주인인가 본데 내가 들어온 것도 모르고 있구나.'
가시는 '안녕하세요.' 하고 인사를 해야 할지, 큼큼거리고 인기척을
내야 할지 망설여졌다.
어떻게 해도 여자는 놀랄 게 뻔했다.
그때였다. 책을 보고 있던 여자가 갑자기 풀썩 쓰러졌다.
"어어어, 어떻게 해. 여보세요, 여보세요, 정신 차리세요!"
가시는 여자에게 달려가 몸을 흔들었다.
하지만 꼼짝도 하지 않았다.
가시는 수건에 물을 적셔 와 여자 이마에 얹은 다음
팔다리를 주무르기 시작했다.
잠시 후 정신이 든 여자는 가시를 보고 깜짝 놀랐다.
가시는 여자를 진정시키려 다급하게 외쳤다.
"놀라지 마세요! 놀라시면 다시 쓰러질 수 있어요.
저는 도둑도 아니고 나쁜 사람도 아니에요. 믿을 수 없겠지만
제가 여기에 어떻게 오게 되었는지 설명해 드릴게요."
가시는 회오리바람에 휩쓸리게 된 사연을 이야기했다.
묵묵히 고개를 끄덕이는 여자의 입가로 미소가 떠올랐다.

"이제 괜찮으세요?"

"응. 고마워. 가끔 쓰러지긴 하는데, 괜찮단다."

"가끔 쓰러진다고요? 그럼 혹시 큰 병이라도……."

가시는 걱정스런 눈으로 여자를 바라봤다.

"푹 자지 못해서 그렇단다.

지금 아주 중요한 연구를 하고 있거든."

"연구요? 무척 똑똑하신가 봐요."

"호호, 똑똑하다기보다는 공부를 좋아하지. 내 이름은 마리 퀴리야.
내 고향은 폴란드란다. 폴란드에서는 여자가 대학에 갈 수 없어서
먼 나라에 와서 공부했어."

"폴란드라는 나라도 여자와 남자를 차별했군요."

"그래, 대학을 가고 싶으면 외국으로 가야 했는데 돈이 문제였어.
언니도 대학에 가고 싶어 했거든.

그래서 언니와 나는 오래오래 고민한 끝에

교대로 공부하는 방법을 택했단다.

내가 공부하는 동안 언니가 돈을 벌어서 보내 주고

언니가 공부할 돈은 내가 벌어서 보내 주기로 한 거지.

그러다 보니 먹을 것을 아낄 수밖에 없었어.

그래도 하고 싶은 공부를 하니 무척 행복하단다."

"언니와 마음이 잘 맞아서 다행이에요. 언니도 행복해하시나요?"

"당연하지. 하고 싶은 것을 하는 것만큼 행복한 건 없어.
언니와 나는 어렸을 때부터 대화를 많이 나눴어.
그래서 서로 하고 싶은 게 뭔지 알고 있었단다."
가시는 마리 퀴리의 말에 가연이를 생각했다.
'언니는 어른들 뜻을 단 한 번도 거스른 적이 없어.
말하지 않았지만, 언니도 하고 싶은 게 있지 않을까?'
가시는 집으로 돌아가면 가연이와 진지하게 이야기를
나눠 봐야겠다고 마음먹었다.
"어떤 걸 연구하시는 거예요?"
가시는 책상 위에 놓인 책을 힐끔 바라보며 물었다.
"방사능이라는 걸 연구하고 있어. 나는 사람 몸속을 사진으로
찍어 보고 싶단다."
"사람 몸속을 사진으로 찍어요?"
가시는 깜짝 놀랐다. 조선에도 사진을 찍는 사람이 있었다.
하지만 보이는 모습을 그대로 찍는 것이지
사람의 몸속을 찍는다는 말은 들어 본 적이 없었다.
"나는 호기심이 많단다."
"어, 저도 호기심이 많다는 소리를 자주 들어요."
"호호호. 그래, 회오리바람에 휩쓸려 왔다는 말을 듣고
눈치채고 있었지. 호기심은 세상을 바꾸는 커다란 힘이란다.

'왜 그렇게 되었을까? 이렇게 하면 안 될까?' 하고 끊임없이 궁금해하다 보면 연구하게 되거든.
그러다 폴로늄과 라듐이라는 원소를 발견했단다."
가시는 호기심이 세상을 바꾼다는 말이 알 듯 말 듯 헷갈렸다.
"사람 몸속을 어떻게 찍는지 자세히 이야기해 주세요."

가시가 눈을 반짝였다.

"지금은 아주 큰 전쟁 중이야. 죽는 사람도 많고

다치는 사람도 많지.

부상당한 군인들 중에는 빨리 수술해야 살 수 있는 경우가 많아.

몸속을 찍는 기계가 있으면 어느 부분을 수술해야 할지

금세 알 수 있어. 내가 발견한 방사성 원소를 이용해서

그 기계를 만들려고 한단다."

"아하, 호기심이 세상을 바꾼다는 말이 뭔지 알겠어요.
하지만 정말 사람 몸속을 사진으로 찍는 게 가능한가요?"
가시는 고개를 갸웃거렸다.
"불가능하다고 여기고 시도해 보지 않으면 세상은 바뀌지 않아.
영원히 불가능한 일이 되고 마는 거야.
하고 싶은 일이 있으면 도전을 해야 해."
"정말 대단하세요."
가시는 진심으로 말했다.
"호호호, 나도 처음에는 용기가 나지 않아 망설였어.
'과연 내가 하고 싶은 공부를 할 수 있을까? 돈도 없는데
무슨 수로?'라고 좌절부터 했었지. 그런데 어느 날 우연히
엘리자베스 블랙웰이라는 분을 만나고 용기를 얻었단다."
"엘리자베스 블랙웰이요? 미국 최초의 여성 의사요?
저도 아까 그분을 만났어요!"
마리 퀴리의 말에 가시는 깜짝 놀랐다.
"그분을 만났구나? 그렇다면 너도 꿈을 향해
도전할 아이임이 틀림없어.
꿈에 도전하는 사람끼리는 시간과 공간을 초월해서 만날 수 있거든."
마리 퀴리가 가시를 향해 활짝 웃었다.
'오서현 선생님이 100년을 뛰어넘어 말랄라 유사프자이라는 사람을

어떻게 만날 수 있었는지 이제 알겠어.'
가시는 '모든 것은 네 마음에 달렸다!'라던
오서현 선생님의 말이 무슨 뜻인지 알게 되었다.
"너는 무엇을 하고 싶니?"
마리 퀴리가 물었다.
"아직 잘 모르겠어요. 저도 제가 걸어갈 길을 찾을 수 있을까요?"
"물론! 여기까지 온 걸 보니 분명 네가 걸어갈 길을
찾아낼 수 있을 거다."
마리 퀴리는 가시의 어깨를 토닥거리고 밖으로 나갔다.
'뭔가 마음속에서 불쑥불쑥 튀어나오려다 마는 게 있어.
이게 뭘까? 내가 걸어가고 싶은 길은 뭐지?'
가시가 골똘히 생각에 잠긴 그 순간이었다.
방문이 벌컥 열리며
거대한 회오리바람이
밀려들었다.

가시가 고개를 들자, 바로 앞에 누군가 앉아 있었다.

까만 머리에 까만 눈이었다.

"혹시 조선 사람인가요?"

"조선 사람? 댕기 머리에 치마저고리를 입은 걸 보니 나와 같은 나라 사람임은 틀림없어 보이는데……. 우리 집에는 어떻게 들어온 거지?"

그 사람은 가시의 머리끝부터 발끝까지 훑어봤다.

웃음기 없는 얼굴에 예리한 눈매였다.

보아하니 보통 사람이 아닌 것 같았다.

"도둑은 절대 아니에요. 제가 여기에 들어오고 싶어서 들어온 것도 아니고…… 저는 제 마음과 상관없이 회오리바람을 타고 이곳저곳을 다니고 있어요. 엘리자베스 블랙웰이라는 사람과 마리 퀴리라는 사람을 만나고 이리로 오게 됐죠. 물론 믿지 않을 수도 있겠지만요."

그 사람은 고개를 끄덕였다.

"회오리바람이라……. 그런 옷차림인 게 이제야 이해가 되는군. 넌 시간과 공간을 초월해서 여행하는 중이구나. 나보다 좀 더 일찍 조선에서 태어난 것 같네."

가시는 고개를 끄덕였다.

"나도 마리 퀴리를 만나 본 적이 있어.

마리 퀴리는 프랑스에 있는 대학에서 공부했지.

나도 마리 퀴리가 공부한 대학에서 공부를 하고 박사가 됐단다.

나는 박병선이라고 해."

'태어난 때는 달라도 같은 조선 사람이야.'

가시는 박병선이라는 사람이 친근하게 느껴졌다.

"프랑스요? 그러면 여기는 프랑스라는 나라인가요?

어떻게 다른 나라에서 공부하게 됐어요?"

"내 스승이신 이병도 선생님이 프랑스가 약탈한

우리 문화재를 찾아보라고 하셨거든. 그래서 그것들을 찾으러

나라에 허락을 구해 유학 왔단다."

"그 문화재가 무엇인가요?"

"1866년 병인양요 때 프랑스군이 약탈해 간

외규장각 어람용 의궤라는 책이야. 의궤는 왕실이나 국가의 주요

행사를 정리한 기록인데, 그중 어람용은 임금님만 보시던 책이야.

그 책을 찾던 중 나는 직지심체요절 하(下)권을 발견했단다.

안타깝게도 상(上)권은 사라져서 찾지 못했지."

"그건 또 무슨 책인가요?"

"고려 시대에, 그러니까 조선보다도

훨씬 오래전에 만들어진 불교책이란다.

내가 찾은 직지심체요절은 금속 활자로 만든 책인데,
목판보다 훨씬 효율적인 인쇄 방법이지.
이 기술을 우리나라가 세계 최초로 만들었고, 그 증거가 바로 직지야.
나는 이 책으로 우리나라 기술이 얼마나 대단한지
세계에 알리려고 해.
우리나라가 얼마나 대단한 나라인지 생각만 해도
가슴이 뛰지 않니?"
"정말 대단하세요. 여자의 몸으로 먼 나라에서
어떻게 그런 일을 하셨어요?"
"나라를 위해 일하는데 여자와 남자가 어디 있겠니?
그리고 내가 대단한 게 아니란다.
공부해야겠다는 마음이 만들어 낸 결과지.
배운다는 것은 내 호기심을 충족해 주기도 하지만
나를 넘어 더 큰일을 하게 만들거든.
공부는 그래서 중요한 거란다."
가시는 박병선 박사의 말을 들으며 배운다는 것이
얼마나 중요한지 깨달았다.
'나도 뭔가를 배우고 익혀서 조선의 여자들에게 가르쳐 주고 싶어.'
그 생각을 하자 가슴이 뜨거워지는 걸 느낄 수 있었다.
가시는 비로소 자신이 걸어가고 싶은 길을 찾은 기분이었다.

'이화 학당에서 공부를 시작하자. 물론 쉽지 않을 거야.
아버지 반대가 심할 테니까. 하지만 포기하지 않을 거야.'
가시는 빨리 오서현 선생님을 만나고 싶었다.
오서현 선생님을 만나 이야기하다 보면 무엇을 공부하고 싶은지도
깨달을 수 있을 것 같았다.
"너는 무슨 일을 하고 싶니?"
박병선 박사가 물었다.
"열심히 공부해서 조선의 여자들을 가르치는 일을 하고 싶어요.
교육받은 사람들은 자신이 가고 싶은 길을
찾을 수 있을 거라고 생각해요."
가시는 또렷하게 대답했다.
"그래. 네가 살고 있는 조선은 지금 엄청난 어려움을 겪고 있어.
네가 조선을 구하는 데 큰 힘이 될 거라고 믿는다."
박병선 박사가 가시 손을 잡아 주었다.
'참, 집에는 어떻게 가지?
돌아가는 방법을 모르잖아.'
가시는 가슴이 덜컥 내려앉았다.
"이를 어쩌지요? 조선으로 돌아가는 방법을 몰라요."
빨리 되돌아가고 싶은 마음에 가시는 가슴이 답답해졌다.
가시가 일어나 방문을 열어젖혔다.

눈앞에 넓은 숲이 나타났다.
돌아보니 박병선 박사의 집은 온데간데없었다.
숲에는 회오리바람이 몰아치고 있었다.
가시가 회오리바람에 휩싸이려는 찰나
가시 앞에 작은 다람쥐 한 마리가 뚝 떨어졌다.
다람쥐는 바람에 휩쓸려 어쩔 줄 몰라 했다.
그냥 두면 다람쥐가 죽을 수도 있겠다는 생각이 들었다.
"이리 와."
가시는 다람쥐를 품에 안았다. 그 순간이었다.
회오리바람이 가시를 피해 반대편 숲으로 휘몰아치더니 곧 잠잠해졌다.
'회오리바람에 휩싸이지 못했으니
이제 영영 집으로 돌아갈 수 없을지도 몰라.'
가시는 두려워졌다. 그때 다람쥐가 가시 품에서 빠져나갔다.
다람쥐는 쪼르르 달려가다가 멈춰 서서 가시를 바라봤다.
'따라오라는 건가?'
가시는 다람쥐를 쫓아갔다. 숲을 지나자 넓고 넓은 들판이 나왔다.
그때 머리 위에서 굉음이 들렸다. 하늘과 땅이 흔들릴 정도였다.
"저…… 저…… 저게 뭐야?"
하늘을 쳐다보던 가시는 기절할 듯 놀랐다.
커다란 쇳덩어리가 날아오고 있었다.

'어떻게 해. 내 머리 위로 떨어지면 큰일이야.'
그랬다가는 꼼짝없이 죽게 될 거다.
가시는 웅크리고 엎드려 머리를 감쌌다.
쇳덩어리는 거대한 새 같았다.
세찬 바람과 함께 세상이 폭발할 것 같은 소리가 났다.
가시는 두 손으로 양쪽 귀를 막았다.
커다란 쇳덩어리는 요란한 소리와 함께 땅 위에 내려앉았다.
"뭐, 뭐야? 저 사람은 도대체 누구야?"
가시는 쇳덩어리에서 사람이 나오자 너무 놀라
벌어진 입을 다물 수 없었다.
"안녕."
쇳덩어리에서 내린 사람이 가시를 발견하고
손을 흔들었다.

"사람 맞지요?
어떻게 쇳덩어리가 하늘을 날아다녀요?"
"하하. 토끼처럼 놀란 눈인 걸 보니 비행기를
처음 본 모양이구나."
"비행기요? 이 쇳덩어리 이름이 비행기인가요?"
가시는 비행기라는 쇳덩어리를 만져 봤다.
이렇게 무거운 게 어떻게 하늘을
날아다닐 수 있는지 더 궁금해졌다.
"내가 잘못 본 걸 거야."
가시가 중얼거렸다.

"잘못 본 게 아니란다. 정 못 믿겠으면 다시 보여 줄까?
너도 직접 타 보는 게 어떻겠니?
저 높은 곳에서 바라보는 땅은 어떤지 궁금하지 않니?
나는 아멜리아 에어하트라고 하는데, 믿어도 될 만한 사람이란다."
아멜리아 에어하트가 가시에게 손을 내밀었다.
하늘을 날아다니는 쇳덩어리 때문에 놀라
가시는 이제야 아멜리아 에어하트의 얼굴을 제대로 봤다.
얼굴이 까맣고 반들거렸다. 손도 까맸다.
머리도 아주 짧고 고불고불했다.
"당신은…… 여자예요?"
"호호, 여자란다. 남자로 보이니?"
"아니에요. 죄송해요."
"괜찮아, 자, 한번 타 보렴."
아멜리아 에어하트가 다시 손을 내밀었다.
가시는 어떻게 할까 망설였다.
괜한 호기심에 쇳덩어리를 탔다가 공중에서 떨어지면 큰일이었다.
하지만 확인해 보고도 싶었다.
'하늘에서 바라보는 땅! 어쩌면 대단한 경험이 될 거야.'
그 경험이 또 다른 큰 힘을 발휘할 수도 있겠다는 생각이 들었다.
가시는 아멜리아 에어하트를 따라 비행기에 탔다.

"엄마야!"

비행기가 움직이기 시작했을 때 가시는 비명을 질렀다.

비행기는 굉음을 내며 하늘을 향해 솟아오르기 시작했다.

"자, 아래를 보렴."

"우아."

가시는 땅을 바라보며 감탄했다.

하늘에서 내려다본 땅은 완전히 다른 세상이었다.

"어떻게 이렇게 대단한 일을 할 생각을 했어요?"

"나는 원래 사회 복지사였단다.

전쟁에서 부상병을 치료하기도 했었지.

하지만 내가 진짜 하고 싶은 건 비행기를 조종하는 일이었어.

비행기 조종사가 되고 싶은 꿈이 내 가슴 속에서

날마다 펄펄 끓었단다.

내 꿈을 얘기했을 때 많은 사람들은 여자가 해낼 수 없는 일이라며

고개를 저었어. 하지만 나는 꼭 하고 싶었지.

그래서 힘겹게 돈을 모아 비행기 조종 공부를 했단다.

지금은 세계 일주 중이야."

"세계 일주요? 얼마나 멀리 갈 수 있나요?"

"비행기로 대서양이라는 아주 넓은 바다를 건넌 적도 있어."

아멜리아 에어하트가 말하는 순간 가시 머릿속이 환해졌다.

"부탁이 있는데요, 이 비행기로 저를 집까지 데려다줄 수 있을까요?
저는 조선이라는 나라에 살아요.
집에 가야 하는데 가는 길도 모르고 가는 방법도 몰라요."
아멜리아 에어하트는 비행기를 땅에 착륙시킨 뒤
지도를 보고 조선이 어디쯤에 있는지 알아냈다.
"혼자서 이렇게 먼 거리를 비행해 본 적은 없는데……."
아멜리아 에어하트는 손가락으로 턱을 문지르며 망설였다.
"하지만 도전해 보자. 도전은 새로운 길을 찾는 방법이니까."
아멜리아 에어하트는 가시의 어깨를 두드리고
조선을 향해 출발했다.
비행기는 육지를 지나 바다 위를 날았다.
아래로 보이는 검푸르고 넓은 바다는 무서웠지만 신기하기도 했다.
가시의 마음이 점점 벅차올랐다.
"저는 세상이 이렇게 넓은 줄 몰랐어요."
"세상이 넓은 만큼 할 일도 많단다."
가시 말에 아멜리아 에어하트가 웃으며 대답했다.
얼마나 지났을까? 저 멀리 낯익은 마을이 나타났다.
"저기예요, 저기."
아멜리아 에어하트는 가시가 가리키는 곳으로 다가갔다.
요란한 소리와 함께 비행기는 밭 한가운데에 내려앉았다.

"고맙습니다."

"아니야. 내가 도리어 고맙지.

네 덕에 또 하나의 도전에 성공했거든.

세계 최초로 조선이라는 나라까지 비행한

비행기 조종사가 되었으니까. 그런데 네 꿈은 뭐니?"

아멜리아 에어하트가 물었다.

"저는 조선의 여자들을 가르치는 일을 하고 싶어요.

이제부터 공부를 열심히 할 거예요."

가시는 자신 있게 말했다.

꿈에 대해 또렷하게 말할 때마다 왠지 자신감이 생기고

원하는 일이 이루어질 것 같단 생각이 들었다.

"그래, 힘든 일도 많을 거야. 그래도 포기하지 말도록 해라.

꿈을 향해 도전하다 보면 우리는 언제가 다시 만날 수 있을 거야.

안녕!"

아멜리아 에어하트는 가볍게 비행기에 올라탔다.

가시가 큰 소리로 외쳤다.

"굉장한 경험이었어요. 제가 학당에서 여학생들을 가르치게 되면

꼭 이 이야기를 들려줄게요.

가고 싶은 길을 찾는 학생들에게 큰 도움이 될 거예요!"

가시는 비행기가 눈에 보이지 않을 때까지 손을 흔들었다.

'오서현 선생님부터 만나야겠어. 공부하고 싶으니까 도와 달라고 할 거야.'

가시는 부지런히 이화 학당을 향해 걸었다.

오서현 선생님을 만나고 나서 가연이와도 진지하게 이야기를 나눠 볼 작정이었다.

'아 참, 조중이는 아직도 오서현 선생님이랑 있을까? 아니면 집에 돌아갔을까?'

가시는 엘리자베스 블랙웰에게 들은 노예 해방에 대해서도 곰곰이 생각했다.

'조중이에게도 하고 싶은 게 있는지 물어봐야겠다.'

가시의 얼굴에 설렘이 가득했다.

엘리자베스 블랙웰 | 미국 최초의 여성 의사
에드모니아 루이스 | 차별을 딛고 최고의 예술품을 남긴 조각가
넬리 블라이 | 탐사 보도를 개척한 저널리스트
마리 퀴리 | 방사성 원소를 처음으로 발견한 과학자
가브리엘 샤넬 | 20세기 패션을 선도한 패션 디자이너
에텔 레진스카 | 뉴욕 국립 여성 교향악단을 창단한 지휘자
아멜리아 에어하트 | 여성 최초로 대서양 횡단에 성공한 비행사
이태영 | 여성 인권을 위해 싸운 대한민국 최초의 여성 변호사
헤디 라마 | 현대 문명을 바꾼 발명가이자 배우
황혜성 | 궁중 음식을 대중에게 알린 대가
박병선 | 직지를 세계에 알린 역사학자
비그디스 핀보가도티르 | 민주 선거로 당선된 세계 최초의 여성 대통령
투 유유 | 말라리아 치료제를 개발해 인류를 구한 과학자
말랄라 유사프자이 | 교육권을 위해 투쟁한 인권 운동가

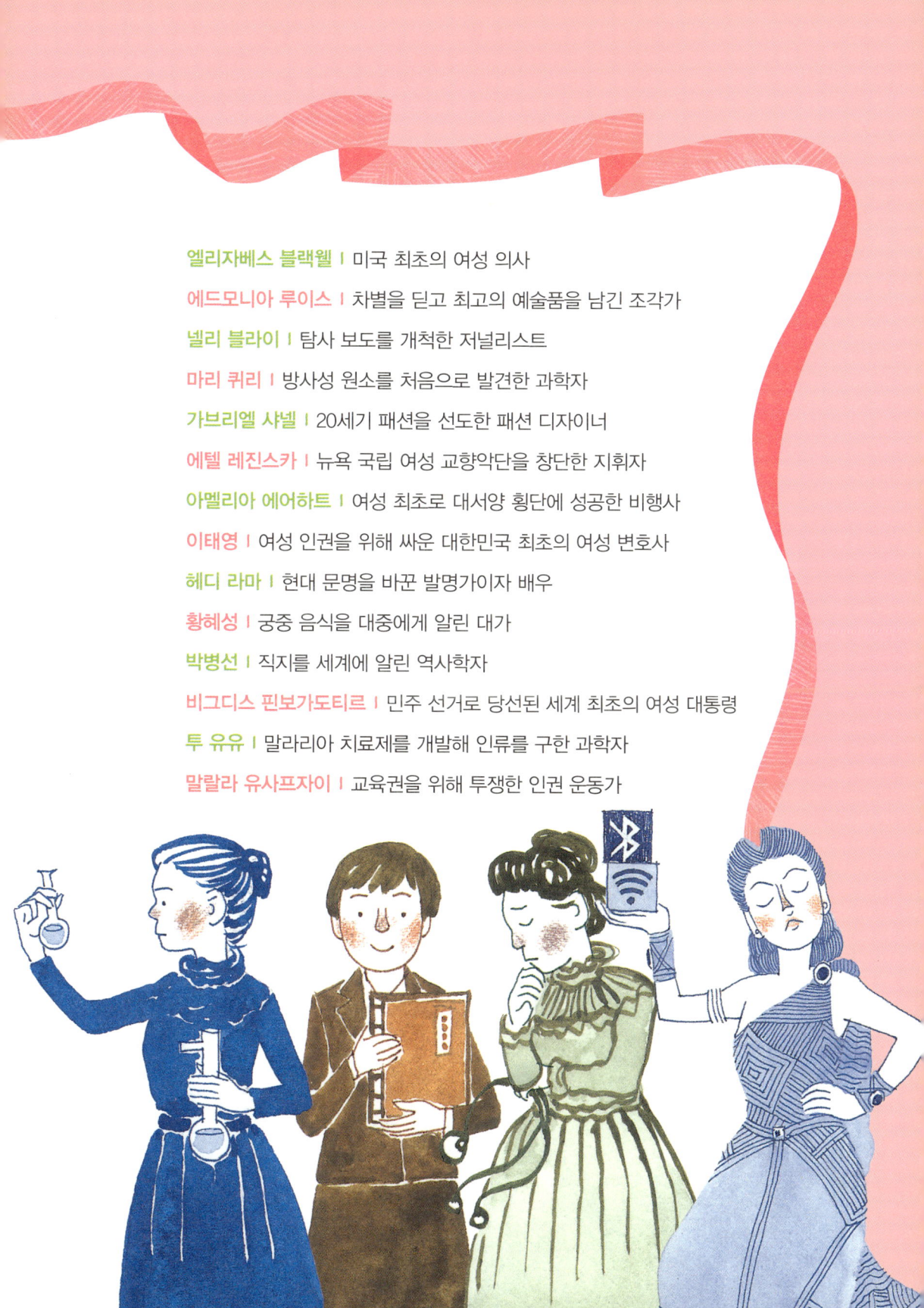

엘리자베스 블랙웰
미국 최초의 여성 의사

1821년 2월 3일 ~ 1910년 5월 31일

　엘리자베스 블랙웰은 1821년 2월 영국에서 태어나, 11살 때 미국으로 이민을 갔어요. 당시 미국에는 노예 제도가 있었어요. 미국이 독립하기 전부터 남북 전쟁(1861년~1865년)이 끝날 때까지 주로 아프리카계 흑인들을 노예로 삼았지요. 그녀의 아버지는 노예들의 노동이 절대적으로 필요한 설탕 사업을 하면서도, 미국의 노예 제도가 잘못되었고 이를 바로잡아야 한다고 생각했어요. 엘리자베스 블랙웰 또한 아버지와 뜻을 같이하여 노예 제도에 반대했어요.

　어느 날 엘리자베스 블랙웰의 친한 친구가 암에 걸렸어요. 당시에는 여성 의사가 없어 친구는 마음 편하게 치료를 받지 못하고 세상을 떠났어요. 그 일을 계기로 엘리자베스 블랙웰은 의사가 되고자 했지만 당시 여성은 의과 대학에 입학할 수 없었어요. 그녀는 포기하지 않고 미국에 있는 모든 의과 대학에 원서를 냈어요. 하지만 그녀를 받아 주는 곳은 없었어요. 그러던 중 뉴욕 제네바 의과 대학에서 재학생의 투표로 엘리자베스 블랙웰의 입학을 결정하기로 했어요. 남학생들이 장난으로 찬성표를 던지는 바람에 엘리자베스 블랙웰은 미국 최초의 여성 의과생이 되었고, 뛰어난 성적으로 졸업해 1849년, 의사가 되었어요.

엘리자베스 블랙웰은 무슨 업적을 남겼나요?

- 여성 최초로 의과 대학 학위를 받았어요.
- 미국 최초의 여성 의사가 되었어요.

- 미국 최초의 간호 학교를 설립했어요.
- 예방 의학과 보건학 분야의 선구자예요.
- 여성을 위한 최초의 병원인 '뉴욕 빈곤 여성·아동 진료소'를 열었어요.
- 뉴욕과 영국에 최초의 여성 의과 대학을 설립했어요.

엘리자베스 블랙웰.

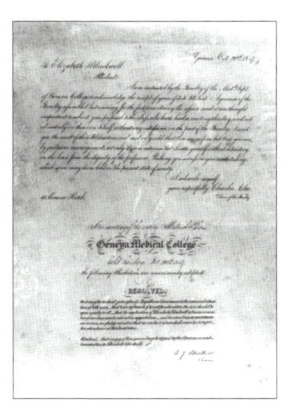
제네바 의과 대학 입학 공문.

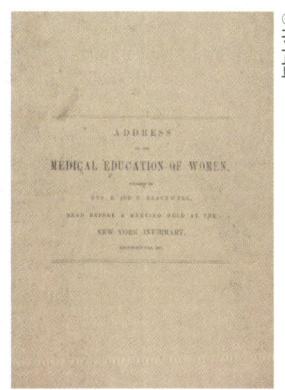
블랙웰의 저서, 《여성 의료 교육의 주소》, 1864년.

엘리자베스 블랙웰의 친구는 나이팅게일?

엘리자베스 블랙웰은 평생을 의료 발전과 여성들의 사회 진출에 힘쓰며 살았어요. 사람들은 그녀를 '독선적이고 드센 여자'라고 부르기도 했어요. 그런 엘리자베스 블랙웰에게 자신과 비슷한 가치관을 가진 친구들이 있었는데, 그중 한 명이 우리가 잘 알고 있는 '플로렌스 나이팅게일'이에요.

엘리자베스 블랙웰이 여성을 위한 의과 대학을 설립하려 했을 때, 여러 어려움이 있었어요. 그때 나이팅게일을 비롯한 여러 여성 의료인들이 그녀를 도왔지요. 1869년, 엘리자베스 블랙웰은 나이팅게일과 함께 여성 의과 대학을 설립했답니다.

에드모니아 루이스

1844년 7월 4일 ~ 1907년 9월 17일

차별을 딛고 최고의 예술품을 남긴 조각가

에드모니아 루이스.

에드모니아 루이스는 흑인 최초로 미술계에서 세계적인 명성을 얻은 조각가예요. 에드모니아 루이스는 아메리카 원주민의 어머니와 흑인 아버지 사이에서 태어났어요. 그래서 인종 차별도 함께 겪으며 자랐지요. 에드모니아 루이스는 처음으로 여성과 흑인의 입학을 받아 준 오벌린 대학교에서 미술을 공부하고, 이후 조각가로 명성을 크게 떨쳤어요. 에드모니아 루이스는 자신의 정체성을 작품에 담았어요. 아프리카계 미국인과 아메리카 원주민의 문화를 소재로 독창적인 작품을 만들었지요.

에드모니아 루이스는 무슨 업적을 남겼나요?

- <포에버 프리>라는 작품을 만들어 흑인들에 대한 차별과 자유의 메시지를 대중에게 전했어요.
- 에이브러햄 링컨을 포함한 미국 대통령들의 흉상을 조각했어요.
- 국제적인 명성을 얻은 최초의 아프리카계 미국인 조각가예요.
- 아메리카 원주민과 관련된 메시지를 작품에 담았어요.

〈포에버 프리〉, 1867년 제작, 하워드 대학교 갤러리 소장.

〈클레오파트라의 죽음〉, 1876년 제작, 스미소니언 박물관 소장.

 에드모니아 루이스는 왜 조수를 두지 않았을까?

에드모니아 루이스는 조수를 몇 명씩 두었던 다른 예술가와 달리, 모든 작품을 혼자 조각하고 완성해 냈어요.

그 당시 대부분의 예술가는 모두 남성이었어요. 조수도 남성인 경우가 많았죠. 에드모니아 루이스는 자기 자신의 업적을 남성들이 가져가는 것을 원하지 않았어요. 흑인과 아메리카 원주민 혼혈이라는 소수성 때문에 이미 많은 차별을 받은 에드모니아 루이스는, 여성이라는 이유로 자신의 업적을 다른 사람에게 빼앗길 것을 경계했던 거예요. 에드모니아 루이스는 비평가들이 자신의 업적을 깎아내릴 빌미를 주지 않으려고 모든 작업을 홀로 해내며, 예술계에 큰 획을 그었어요.

넬리 블라이
1864년 5월 5일 ~ 1922년 1월 27일

탐사 보도를 개척한 저널리스트

기자 활동 당시 넬리 블라이.

넬리 블라이는 미국의 저널리스트이자 작가예요. 본명은 엘리자베스 코크런으로, 넬리 블라이는 필명이에요. 넬리는 〈피츠버그 디스패치〉의 여성 혐오 칼럼에 반박하는 글을 기고했고, 그 이후로 기자 활동을 시작했어요.

기자가 된 넬리는 1887년, 정신 질환을 앓는 환자들이 받는 학대와 열악한 환경을 알리기 위해 정신 질환자인 척 병원에 들어가 취재를 했어요. 또 인기 있던 소설 《80일간의 세계 일주》를 보고 1889년에 직접 뉴욕에서 배를 타고 세계 일주를 떠났어요. 넬리는 72일 6시간 7분 만에 세계 일주를 완주했어요. 넬리는 탐사 보도를 개척한 인물로 지금까지도 명성을 떨치고 있답니다.

넬리 블라이는 무슨 업적을 남겼나요?

- 정신 질환자들의 학대 문제를 세상에 고발했어요.
- 72일 동안 세계 일주를 하는 데 성공했어요.
- 언론계에서 탐사 보도의 영역을 개척했어요.

넬리 블라이를 그린 삽화. 1890년.

넬리 블라이를 기자로 만든 퓰리처

넬리 블라이는 1887년, 신문왕이라는 별명을 가진 조지프 퓰리처가 운영하는 뉴욕 월드라는 신문사에 입사했어요. 그해에 뉴욕 월드에서는 정신 병원에 대한 취재를 기획하고 있었어요. 퓰리처는 넬리 블라이에게 정신 병원 취재를 맡겼지요.

23세였던 넬리 블라이는 정신 병원에 직접 들어가 탐사 취재를 하기로 마음먹었어요. 그곳에서 10일 동안 머물며 환자들이 학대받는 장면을 목격하고, 실제로 학대를 당하기도 했어요. 넬리 블라이는 정신 병원 취재를 마치자마자 자신의 경험을 폭로했고, 여론의 관심을 모으는 데 성공했어요. 이 보도로 정신 질환자에 대한 복지 예산이 크게 늘어났고, 정신 질환자들의 인권이 사회 문제로 떠올랐어요. 넬리 블라이는 이 취재로 뉴욕 월드의 정식 기자가 되었어요.

마리 퀴리

1867년 11월 7일 ~ 1934년 7월 4일

방사성 원소를 처음으로 발견한 과학자

마리 퀴리는 폴란드에서 태어났어요. 수학과 물리 교사인 아버지를 닮아 호기심도 많고 성적도 뛰어났어요. 하지만 당시 폴란드에서는 여자가 대학교에 갈 수 없었어요. 마리 퀴리는 포기하지 않고 언니와 교대로 외국에 나가 공부하기로 했어요. 하지만 외국으로 유학을 가려면 돈이 많이 필요했어요. 마리 퀴리가 공부할 때는 언니가 돈을 벌어 보내고 언니가 공부할 때는 마리 퀴리가 돈을 벌어 보냈어요. 열심히 노력한 결과 마리 퀴리는 소르본 대학 최초로 여성 물리학 박사 학위를 받았고, 최우수 성적으로 대학교를 졸업했지요. 이후 마리 퀴리는 방사성 원소인 폴로늄과 라듐을 발견하고 노벨 물리학상을 받았어요. 폴로늄과 라듐의 연구 성과로 노벨 화학상

마리 퀴리.

도 수상했지요. 그녀는 최초로 노벨상을 두 번이나 수상했어요. 마리 퀴리는 자신이 발견한 원소의 이름을 조국인 폴란드에서 따 폴로늄이라고 지었어요.

마리 퀴리는 무슨 업적을 남겼나요?

- 라듐과 폴로늄을 발견하여 노벨 물리학상을 수상했어요.
- 금속 라듐을 분리하여 노벨 화학상을 수상했어요.
- 방사능 연구의 선구자예요.
- 최초로 두 분야에서 노벨상을 수상했어요.
- 프랑스 고등 교육 역사상 최초의 여성 대학교수예요.

마리 퀴리, 자신이 발명한 방사능 때문에 사망했다?

마리 퀴리는 방사능 연구의 선구자예요. 엑스레이나 방사선 치료는 마리 퀴리가 아니었더라면 없었을 거예요. 이처럼 마리 퀴리는 현대 의학의 기틀을 마련했어요. 그런데 이 방사능 연구가 마리 퀴리에게 치명적인 병을 주었답니다.

제1차 세계 대전 당시, 마리 퀴리는 자신이 개발한 '리틀 퀴리'라는 자동차로 부상병들을 도왔어요. 이 자동차에는 X선 사진을 찍을 수 있는 장치가 붙어 있었는데, 그녀는 이 차도 전장 곳곳을 돌아다니며 다친 병사들을 발견하고 진단하는 데 이용했지요. 이때 마리 퀴리에게 도움받은 병사들만 100만 명이 넘었어요. 하지만 이때, 마리 퀴리는 자신도 알지 못하는 사이에 X선에 과다 노출되었어요. 또 평생 연구를 하며 라듐과 방사능 물질에 지속적으로 피폭되어 백혈병에 걸렸고, 66세의 나이로 사망했어요.

가브리엘 샤넬
1883년 8월 19일 ~ 1971년 1월 10일

20세기 패션을 선도한 패션 디자이너

가브리엘 샤넬과 영국의 정치가 윈스턴 처칠.

가브리엘 샤넬은 1883년, 프랑스의 소도시 소뮈르에서 태어났어요. 가브리엘 샤넬은 일찍 어머니를 여의고 보육원에서 생활했어요. 보육원에서 자라는 동안 가브리엘 샤넬은 가수가 되고자 했고, '코코를 본 사람'이라는 노래를 부르면서 인기를 얻기 시작했어요. 그러던 중 후원자를 만나 파리에 모자 가게를 열었어요. 이후 자신의 예명을 '코코 샤넬'로 짓고, 디자이너로 활동하기 시작했어요. 가브리엘 샤넬이 디자인한 옷과 액세서리들은 전 세계적으로 유행했고, 제1차 세계 대전 동안 큰 명성을 얻었어요.

제2차 세계 대전 이후 잠시 패션계를 떠나 있던 가브리엘 샤넬은 71세의 나이에 다시 디자이너 활동을 시작했어요. 이때 샤넬 브랜드의 트레이드 마크인 '트위드 재킷'을 선보였어요. 가브리엘 샤넬은 어부의 작업복에서 아이디어를 얻어 세일러복을 만들고, 남성복으로 여겨지던 스웨터와 배기 팬츠를 여성복에 접목시키기도 했어요. 멋스러움과 편안함을 추구하는 가브리엘 샤넬의 옷은 오랜 시간이 지난 지금까지도 여전히 큰 인기를 누리고 있어요.

가브리엘 샤넬은 무슨 업적을 남겼나요?

- 여성복에 대한 고정 관념과 차별을 없앴어요.
- 현대 패션의 선구자로, 활동성이 좋은 일상복을 유행시켰어요.
- 향수, 모자, 인조 보석 등 액세서리를 보편화시켰어요.
- 답답한 코르셋과 장신구로부터 여성을 해방시켰어요.

〈샤넬의 옷을 입은 여인들〉 1917년, 작자 미상.

가브리엘 샤넬이 나치의 스파이였다고?

가브리엘 샤넬은 프랑스에서 태어났고, 고향인 파리에서 디자이너로서의 기반을 닦았어요. 무서운 전쟁 속에서도 사람들이 편안하게 입고 즐길 수 있는 옷을 내놓아, 패션의 발전에 큰 공헌을 했지요. 그런데 가브리엘 샤넬이 제2차 세계 대전 당시 프랑스 국민을 학살한 나치의 스파이였다는 사실이 드러났어요.

제2차 세계 대전이 일어나던 때, 가브리엘 샤넬은 자신의 명성을 이용해 나치의 고위 간부들과 친밀한 관계를 맺었어요. 히틀러의 최측근 중 한 명을 애인으로 두기도 했죠. 가브리엘 샤넬은 암호를 만들어, 자신의 애인에게 기밀 정보를 전달했다고 해요. 제2차 세계 대전이 끝난 후 파리가 해방되자, 가브리엘 샤넬은 전쟁 범죄 혐의를 받고 체포되었어요. 그녀는 금방 풀려났으나 패션계에서 발을 떼고 10여 년간 스위스에 머물렀지요. 이 사실은 훗날 전쟁 당시 비밀문서를 연구해 온 프랑스 역사학자 모임에 의해 공개됐어요.

에텔 레진스카

1886년 4월 13일 ~ 1970년 2월 26일

뉴욕 국립 여성 교향악단을 창단한 지휘자

악보를 보고 있는 에텔 레진스카.

에텔 레진스카는 피아니스트이자 지휘자예요. 영국에서 태어나 어렸을 때부터 음악 교육을 받았어요. 에텔 레진스카는 피아노와 작곡을 배웠고 지휘도 공부했어요. 하지만 당시 여성 음악가들은 다른 예술 분야와 마찬가지로 능력을 인정받기 힘들었어요. 그럼에도 불구하고 에텔 레진스카의 열정과 노력은 결실을 맺었어요. 1920년부터 여성 최초로 보스턴, 뉴욕, 런던, 베를린 등 대형 악단들을 정기적으로 지휘하게 된 것이지요.

에텔 레진스카는 시카고와 보스턴 오케스트라를 모델로 삼아 뉴욕에 오케스트라를 설립하고 카네기 홀에서 공연도 했어요. 그 후 대학교수가 되어 젊은 피아니스트들을 양성했어요.

에텔 레진스카는 무슨 업적을 남겼나요?

- 피아니스트이자 작곡가, 음악 교육가로 활동했어요.

- 세계적인 오케스트라를 지휘하고, 여성이 음악 공연계에 진출하는 계기를 마련했어요.
- 불편했던 여성 음악가들의 옷을 개선하는 데 큰 역할을 했어요.
- 뉴욕에 국립 여성 교향악단을 창단했어요.

에텔 레진스카.

 에텔 레진스카, 여성 연주자들의 옷을 바꾸다

에텔 레진스카는 여성 지휘자로 다양한 활동을 했을 뿐만 아니라, 당시 음악계에 만연한 여성 음악가들에 대한 차별에도 목소리를 냈어요. 에텔 레진스카가 활동하고 있을 때 모든 여성 음악가들은 남성 음악가들과 달리 긴 드레스를 입어야 했어요. 드레스를 입은 채로 무겁고 까다로운 악기를 연주하긴 매우 힘들었어요. 에텔 레진스카는 여성 음악가들의 옷을 개선해야 한다고 주장했어요. 남성 음악가들과 비슷하게 검은색 재킷과 편안한 치마를 입어야 한다고 했죠. 에텔 레진스카는 남성복 차림으로 오케스트라를 지휘해 주목받기도 했어요.

또한 에텔 레진스카는 여성들이 전통적인 여성상에서 벗어나, 다양한 능력을 펼쳐야 한다고 말했어요. 여성들이 자신이 원하는 삶을 살 수 있어야 한다고 했죠. 에텔 레진스카는 훌륭한 음악가였고, 음악계의 리더였답니다.

아멜리아 에어하트
1897년 7월 24일 ~ 1937년 7월 2일

여성 최초로 대서양 횡단에 성공한 비행사

아멜리아 에어하트는 미국 캔자스주에서 성장했어요. 넉넉하지 않은 환경에도 아멜리아 에어하트는 밝고 적극적이었어요. 고등학교를 졸업하고 나서는 전쟁 자원봉사자로 일하며 부상병을 치료하기도 했어요. 어느 날 아멜리아 에어하트는 비행기에 관심을 갖게 되었고, 비행기 조종하는 걸 배우고 싶어 열심히 돈을 모았어요. 마침내 아멜리아 에어하트는 자신만의 경비행기를 마련했고 조종사가 되었어요.

1928년, 아멜리아 에어하트는 남자 조종사들과 함께 캐나다에서 유럽까지 대서양을 횡단했어요. 1932년에는 위험을 이겨 내고 단독으로 대서양을

에밀리아 에어하트(1936년).

횡단한 세계 최초의 여성이 되었죠. 아멜리아 에어하트의 도전은 당시 경제 공황으로 힘들어하던 전 세계 사람들에게 큰 희망을 주었답니다.

아멜리아 에어하트는 무슨 업적을 남겼나요?

- 여성 최초로 뉴펀들랜드에서 아일랜드까지 무착륙으로 횡단하는 단독 비행에 성공했어요.
- 북아메리카 횡단 비행에 성공한 첫 여성 조종사예요.
- 여성 최초로 미국 국립 지리학회에서 금장 메달을 받고, 프랑스 정부에서 훈장을 받았어요.
- 1935년, 세계 최초로 하와이에서 캘리포니아까지 태평양을 가로지르는 비행에 성공했어요.

아멜리아 에어하트는 어디로 갔을까?

전 세계에서 폭발적인 인기를 얻고 있던 아멜리아 에어하트는 새로운 도전을 계획했어요. 바로 비행기를 타고 적도를 따라 지구를 한 바퀴 도는 비행을 하는 것이었죠. 1937년, 아멜리아 에어하트는 항법사인 프레드 누넌과 함께 마이애미에서 비행기에 몸을 실었어요. 아멜리아 에어하트는 한 달 동안 비행기를 조종해 아프리카에서 아시아까지 횡단하는 데 성공했어요. 1937년 6월, 뉴기니에 도착한 아멜리아 에어하트는 며칠 동안 휴식을 취하고 하울랜드 섬으로 향하던 도중 연료가 부족하다는 무선을 남기고서 사라졌어요.

이후 미국에서는 구조대를 파견해 실종된 아멜리아 에어하트를 찾아 나섰어요. 하지만 어떤 단서도 발견하지 못했고, 그녀가 바다에 빠져 사망했을 것이라고 결론지었어요. 이를 믿지 못하던 사람들은 아멜리아 에어하트가 다른 나라에서 신분을 감추고 살고 있을 거라고 추측했어요. 남태평양에 있던 일본군에 의해 감시당하고 있을 거라고 주장하기도 했죠. 그러다 남태평양 근처 니쿠마로로 섬에서 1947년에 발견됐던 유골이 아멜리아 에어하트의 유전자와 99% 일치한다는 전문가 분석이 나왔어요.

이태영
1914년 8월 10일 ~ 1998년 12월 17일

여성 인권을 위해 싸운 대한민국 최초의 여성 변호사

이태영은 한국 최초의 여성 변호사예요. 아들만 공부시키던 시기에 태어났지만 어머니 덕분에 남자 형제들과 동등한 교육을 받고 이화 여자 전문 학교를 졸업했어요. 결혼 후에는 남편의 지지로 서울 대학교 법학과에 입학했고, 아이들을 키우면서도 공부를 놓지 않았어요. 이태영은 대한민국 여성 최초로 서울 대학교 법학과를 졸업하고, 고등 고시에 합격했어요. 이태영은 판사가 되고 싶었지만 여성을 차별하는 당시 사회 분위기와 정권의 반대로 인해 판사가 될 수 없었어요. 그녀는 변호사가 되어 남녀 불평등으로 고통받는 여성들을 위해 일하기로 다짐하고 남성 중심의 호주제를 폐지하는 데 힘썼어요. '여권 운동은 인권 운동과 맥락을 같이 한다.'라는 신념을 가지고 여성 인권 신장에 앞장섰던 이태영은 대한민국의 민주화 운동과 인권 운동, 호주제 폐지 운동 등에도 적극 참여했을 뿐만 아니라 일제

막사이사이상을 수상한 이태영.

가족법 개정 서명 운동 중인 이태영.

강점기 당시 항일 운동에도 앞장섰어요.

이태영은 무슨 업적을 남겼나요?

- 《여성을 위한 법률 상식》, 《정의의 변호사 되라 하셨네》 등 여러 저서를 집필했어요.
- 여성 법률 상담소(현재의 가정 법률 상담소)를 창설해 가족법 개정 운동을 펼쳤어요.
- 가정 법원이 설치되는 데 핵심적인 역할을 했어요.
- 국제 법률 구조 연합회 이사, 세계 여자 변호사회 부회장 등을 역임하면서 국제적으로 활발히 변호 활동을 했어요.
- 법을 통한 세계 평화상, 막사이사이상, 유네스코 인권 교육상 등 여러 상을 수상했어요.

호주제 부계 혈통을 바탕으로 하여 가족 관계를 기록하는 제도로, 2008년에 폐지됨.

김대중 전 대통령을 살린 이태영

1980년, 전두환 정권이 들어선 지 얼마 안 되었을 때였어요. 김대중 전 대통령은 당시 '민주주의와 민족 통일을 위한 국민 연합'의 공동 대표를 맡고 있었어요. 광주 민주화 운동이 일어나기 하루 전, 전두환 정권은 김대중 전 대통령과 문익환 목사 등 20여 명을 검거했어요. 북한의 사주를 받아 내란 음모를 일으켜 국가 보안법, 계엄법 등을 위반했다는 누명을 씌운 것이죠.

당시 김대중 전 대통령을 변호해 반론 증인으로 섰던 사람이 바로 이태영이었어요. 누명을 쓰게 될까 봐 아무도 선뜻 나서지 않던 증인석에서, "김대중은 결코 공산주의자가 아니다."라며 검사들을 호통치기도 했죠.

이태영은 자신의 신념으로 올곧은 삶을 살았어요. 그래서 민주 열사를 돕고 민주화 운동에 참여했고, 여성 인권을 위해 힘썼답니다.

헤디 라마

1914년 11월 9일 ~ 2000년 1월 19일

현대 문명을 바꾼 발명가이자 배우

헤디 라마는 유대인 부모님 사이에서 태어난 오스트리아 출신의 배우이자 과학자예요. 본명은 헤트비히 에마 마리아 키슬러로, 연기 활동을 하면서도 발명에 남다른 관심을 가졌어요. 헤디 라마는 독학으로 발명품 연구를 했는데 바뀌려는 신호를 미리 알려 주는 신호등과 물을 탄산수로 만드는 약 등을 발명했어요. 또 전파를 방해해 무기들의 조준 위치를 바꿀 수 있다는 사실을 발견하고는 친구인 조지 앤테일과 함께 역으로 전파 방해를 할 수 없는 비밀 통신 시스템을 개발했어요.

헤디 라마는 사이언스 채널과 디스커버리 채널에 출연할 만큼 발명을 사랑했어요. 생전에는 발명가 협회에 들지 못했지만, 사망 후인 2014년 미국 발명가 명예 전당에 이름을 올렸어요.

헤디 라마.

영화 〈삼손과 데릴라〉에 출연한 헤디 라마.

헤디 라마는 무슨 업적을 남겼나요?

- 현대 무기 기술에 사용되는 비밀 통신 시스템을 처음으로 고안해 냈어요.
- 예술, 과학, 기업, 발명 분야에서 사회에 크게 기여한 사람에게 주는 벌비 나스 스피릿 상을 받았어요.
- 미국 발명가 명예 전당에 이름을 올렸어요.
- 여러 영화를 흥행시켜 헐리우드 명예의 거리에 이름을 남겼어요.

헤디 라마가 고안한 비밀 통신 시스템에 대한 미국 특허청 문서.

현대인의 필수품 와이파이와 블루투스를 헤디 라마가 만들었다고?

전 세계적으로 스마트폰이 널리 보급되면서 와이파이와 블루투스 기술이 점점 중요해지고 있어요. 그런데 이 와이파이와 블루투스 기술을 처음 생각해 낸 사람이 바로 헤디 라마예요.

헤디 라마는 전쟁에서 유용한 무선 통신 기술을 생각해 내고, 특허를 받았어요. 이 기술은 바다에서 사용되는 무기인 어뢰를 무선으로 조종하는 것과 관련이 있지요. 주파수를 이용한 이 기술은 후에 와이파이와 블루투스의 기초가 되는 CDMA라는 기술로 발전했어요. 그뿐만 아니라 우리가 지도 애플리케이션을 사용할 때 매우 유용한 GPS도 이 기술을 응용한 것이랍니다. 헤디 라마의 발명이 없었다면 우리는 아직도 종이로 된 지도를 읽고, 와이파이 없이 살았을지도 몰라요!

황혜성 1920년 7월 5일 ~ 2006년 12월 14일
궁중 음식을 대중에게 알린 대가

황혜성.

　황혜성은 1935년 16세의 나이에 일본 유학을 다녀와, 대학교수로 일하다가 학장의 권유로 궁중 요리를 배우기 시작했어요. 1942년부터 30년간 조선 왕조의 마지막 주방 상궁이자 궁중 요리 1대 기능 보유자인 한희순 상궁에게 궁중 요리 조리법을 배웠어요. 황혜성은 여러 대학교의 교수직을 맡았으며, 문화재관리국(현 문화재청)의 식생활 분야 문화재 전문 위원으로 활동했어요. 그 후 궁중 요리 관련 문헌을 조사하고 연구해 궁중 요리 조리법을 계량화 했어요. 궁중 요리를 문화재로 등재시키고, 궁중 음식 연구원을 설립하여 전통적인 한국 음식과 식문화를 후대에 전수하고 대중에게 보급했지요. 여자라면 누구나 하는 게 음식이라는 사회 통념에 맞서 음식을 연구하는 전문가로 인정받기 위해 노력한 끝에 황혜성은 궁중 요리 2대 기능 보유자인 인간문화재가 되었어요.

계량화 어떤 현상의 특성을 수량으로 표현함.

황혜성은 무슨 업적을 남겼나요?

- 궁중 요리를 무형 문화재로 등록시키는 데 큰 공헌을 했어요.
- 우리나라 전통 음식을 후대에 전수하고, 대중에게 보급했어요.
- 《한국 요리 백과사전》, 《한국 음식》, 《조선왕조 궁중 음식》 등 여러 책을 썼어요.
- 대한민국 문화훈장 보관장을 받았어요.

신선로.

조선 왕조 궁중 음식(반상 차림).

음식을 무형 문화재로 만든 황혜성의 노력

황혜성은 조선 왕조 궁중 음식을 무형 문화재로 만드는 데 매우 큰 공헌을 했어요. 문화재로 만들기 위해선 음식을 어떤 과정으로 만드는지, 재료들이 얼마큼 들어가는지 체계적으로 정리해야 했어요. 하지만 예전에 궁중 음식을 만들던 수라간과 소주방에는 그런 기록들이 없었어요. 음식을 만드는 법을 상궁들이 직접 보여 주고 말로 가르쳤지요. '간간하게 간을 보고 쭉 따르고 푹 끓여서'라는 식으로요.

황혜성은 구전되던 요리법을 계량화했어요. 스승인 한희순 상궁에게 직접 먹어 보게 하고, 제대로 기록한 게 맞는지도 확인하며, 밑반찬 1인분을 만들 때도 재료가 정확히 어느 정도로 들어가는지 연구해 수치화했지요. 또 전국을 돌며 향토 음식을 조사하기도 했어요. 황혜성의 노력으로 우리나라의 조선 왕조 궁중 음식이 중요 무형 문화재로 등록되었어요.

박병선
1923년 3월 25일 ~ 2011년 11월 22일

직지를 세계에 알린 역사학자

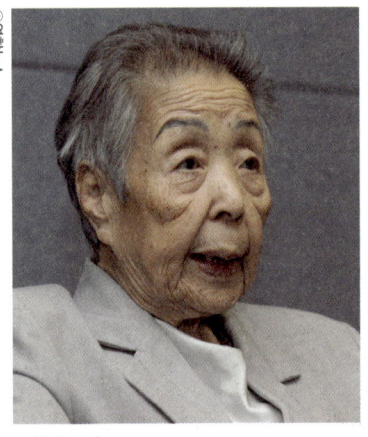

박병선 박사.

박병선은 우리나라 민간 여성 최초의 프랑스 유학생이었어요. 스승인 이병도 선생의 권유로 약탈당한 우리 문화재를 찾기 위해, 프랑스 소르본 대학교와 프랑스 고등 교육원에서 공부하며 박사 학위를 받았지요. 프랑스 국립 도서관에서 사서로 근무하던 박병선 박사는 병인양요 때 프랑스군이 약탈해 간 《직지심체요절》을 발견했어요. 《직지심체요절》은 그 당시 세계에서 가장 오래된 금속 활자본으로 알려진 구텐베르크의 《42행 성서》보다 78년이나 앞선 책이었어요. 이 사실이 밝혀지자 프랑스 도서관 측은 박병선 박사에게 사표를 내라고 강요했어요. 비밀을 누설했다는 이유에서였지요. 사표를 낸 박병선 박사는 그 후 10여년간 매일 개인 자격으로 도서관을 드나들며 연구를 계속했어요. 박병선 박사의 끊임없는 연구로 《직지심체요절》은 당시 학계를 발칵 뒤집어 놓으며 세계 최초의 금속 활자본으로 국제적인 공인을 받았어요.

박병선은 무슨 업적을 남겼나요?

- 세계 최고(最古)의 금속 활자인 직지심체요절 하(下)권 원본을 발견했어요.
- '유네스코 세계 도서의 해' 기념 전시회에 《직지심체요절》을 출품했고, 전 세계에

《직지심체요절》의 역사적 가치를 입증했어요.
- 병인양요 때 프랑스에 약탈당했던 문화재인 《외규장각 의궤》를 발견했어요.
- 《직지심체요절》과 《외규장각 의궤》의 국내 반환 운동을 펼쳤어요.

《직지심체요절》(영인본).

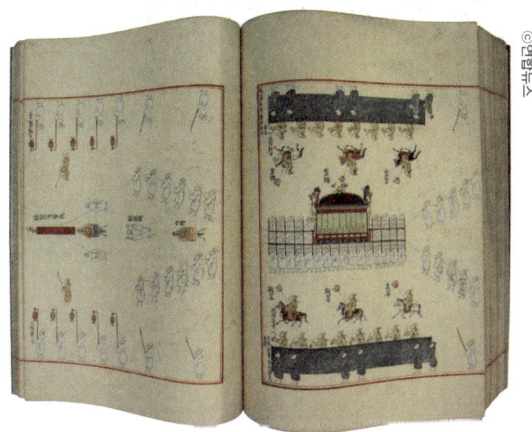

《장렬왕후 국장도감 의궤》.

 박병선이 감옥에 갈 뻔했다고?

박병선이 프랑스에서 유학하고 있던 시기에, 우리나라는 정치적으로 불안정했어요. 한국 전쟁 휴전 협정을 한 지 얼마 되지 않았기 때문에, 북한과 잦은 마찰을 겪기도 했지요. 1967년, 외국에서 유학하고 있는 학생들에게 한국으로 돌아오라는 송환서가 도착했어요. 대한민국 중앙정보부에서 보낸 것이었죠. 당시 남한의 문화 예술인들과 학자들이 동베를린에 있는 북한 대사관을 통해 북한 노동당에 입당하고, 남한에서 간첩 활동을 했다는 이유 때문이었어요. 이를 '동베를린 공작단 사건(동백림 사건)'이라고 해요. 강제로 고국에 돌아가야 할 처지에 놓인 박병선은 프랑스로 귀화했고, 프랑스 국립 도서관 사서로 일하면서 《직지심체요절》을 발견했어요.

비그디스 핀보가도티르 `1930년 4월 15일 ~ 현재`
민주 선거로 당선된 세계 최초의 여성 대통령

비그디스 핀보가도티르.

비그디스 핀보가도티르는 아이슬란드 전 대통령이에요. 1980년 남성 경쟁 후보 3명을 이기고 선거로 뽑힌 세계 최초의 여성 대통령이지요. 그 후, 3번이나 재선에 성공했어요. 41세에는 딸을 입양했는데, 부부가 아닌 한 부모 여성에게 아이를 입양하는 것이 허용된 최초의 사례였어요. 그녀는 아이슬란드 문화를 홍보하는 데 큰 역할을 했고 여성 인권 신장을 위해서도 노력했어요. 1985년, 여성 운동가들이 여성 임금 차별과 성차별에 항의하며 파업을 하자 그녀도 '대통령직 파업'을 시도했지요. 1996년, 대통령직 사임 이후에도 국민들의 지지를 받으며 언어 다양화 운동, 사막 방지화 운동 등을 이어갔답니다.

> 비그디스 핀보가도티르는 무슨 업적을 남겼나요?

- 1980년, 세계 최초로 직접 선거를 통해 여성 대통령이 되었어요.
- 아이슬란드 관광국의 번역가, 북유럽 국가 문화 자문 위원회 위원장 등 다양한 문화 활동을 했어요.

- 1986년 미국과 소련의 정상 회담을 아이슬란드에서 개최하는 데 기여했어요.
- 세계 여성 지도자 평의회(CWWL)를 설립했어요.
- 유네스코 과학 기술 윤리 위원회 위원장으로 활동했어요.

네덜란드 베아트릭스 여왕을 만난 비그디스 핀보가도티르.

첫 여성 대통령을 만든 아이슬란드 여성 총파업

비그디스 핀보가도티르가 대통령으로 선출되기 5년 전인 1975년, 아이슬란드에서 여성 총파업이 일어났어요. 파업은 노동자들이 자신들의 이익이나 권리를 위해 노동을 중단하는 단체 행동을 말해요. 당시 아이슬란드에서 여성의 일자리는 환경이 열악하고, 임금도 남성에 비해 매우 낮았어요. 아이슬란드 여성들은 여성의 인권을 위해 10월 24일을 '여성이 쉬는 날'로 정하고 모두 거리로 나왔어요. 유모차를 끈 엄마들까지도요.

이 파업을 시작으로 아이슬란드의 여성 인권에 대한 인식이 점점 개선되었어요. 1976년, 아이슬란드는 여성과 남성의 권리가 동등하다는 법을 통과시켰어요. 그리고 1980년, 국민들은 자신들의 손으로 직접 비그디스 핀보가도티르를 대통령으로 뽑았지요. 1975년 이후 아이슬란드는 매년 10월 24일마다 여성이 쉬는 날을 계속 이어 가고 있어요.

투 유유 1930년 12월 30일 ~ 현재

말라리아 치료제 개발로 인류를 구한 과학자

투 유유는 1930년 중국 저장성의 닝보에서 태어났어요. 어릴 때부터 똑똑했던 투 유유는 베이징대학교에 입학해 약학을 공부했지요. 이후로는 중국 중의 과학원에서 일하며 중국의 전통 약초와 중국 의학을 연구했어요.

베트남 전쟁 당시, 중국은 베트남의 요청으로 말라리아 치료제 연구를 시작했어요. 당시 말라리아는 전 세계적으로 70만 명 이상의 사망자를 낸 무서운 기생충 감염병이었어요. 투 유유는 말라리아의 치료법을 찾기 위해 정부가 시작한 비밀 연구 프로젝트에 참여하게 되었어요. 투 유유는 190여 차례나 실패를 거듭하다, 중국 전통 약초인 개똥쑥 추출물이 말라리아 기생충의 성장을 억제한다는 사실을 발견했어요. 투 유유

노벨 생리의학상을 수상한 투 유유.

는 개똥쑥 추출물을 중국 전통 의학 방식으로 추출해 말라리아 치료제를 만드는 데 성공했어요. 그 결과 투 유유는 역사상 가장 많은 사람을 살린 과학자로 평가받고 있어요.

투 유유는 무슨 업적을 남겼나요?

- 개똥쑥에서 말라리아 치료 성분을 추출해 말라리아 치료제를 개발했어요.
- 2015년 노벨 생리의학상을 수상했어요.
- 2011년 래스커 의학 연구상, 중국 국가 중대 과학 기술 성과상, 중국 국가 발명상 2등상 등을 수상했어요.

개똥쑥.

투 유유가 박사 학위가 없다고?

말라리아 치료제로 수많은 사람들의 생명을 살린 과학자 투 유유의 별명은 '3무(無) 과학자'예요. 중국 최고 과학자들에게 주는 명예 호칭인 원사를 받지 못했고, 해외 유학 경력이 없고, 박사 학위가 없기 때문이에요. 일반적으로 대부분의 과학자는 박사 학위를 가지고 있어요. 그래야 국가에서 지원을 받아 더 많은 연구를 할 수 있기 때문이에요.
투 유유가 연구하던 당시 중국은 문화 대혁명이라는 시기를 겪고 있었어요. 중국 정부는 대학을 사실상 폐쇄하는 등 여러 제도를 바꾸고, 통제했지요. 이 시기와 맞물린 탓에 투 유유는 박사 학위를 받지 못하고 바로 중의 과학원에 취직해 약물 연구를 시작했어요. 하지만 투 유유는 열정과 노력으로, 열악한 조건을 뛰어넘어 매우 큰 업적을 남겼어요.

말랄라 유사프자이 | 1997년 7월 12일 ~ 현재
교육권을 위해 투쟁한 인권 운동가

말랄라 유사프자이는 파키스탄에서 태어났어요. 맞닿은 이 지역은 탈레반이라는 이슬람 극단주의 무장 세력이 점령하고 있었어요. 이들은 여성과 아이들의 인권을 짓밟았어요. 여자아이들은 학교에 다니지 못했고 밖에 나갈 때도 오빠나 아버지와 동행해야 했지요. 부모님의 지지로 몰래 학교에 다니던 말랄라 유사프자이는 영국 BBC 채널 웹사이트에 탈레반의 만행을 폭로하는 글을 게시했고, 이 글은 전 세계에 퍼졌어요. 미국 일간지 〈뉴욕 타임즈〉에서 말랄라 유사프자이의 이야기를 다큐멘터리로 제작했고, 말랄라 유사프자이가 여기에 출연해 파키스탄의 열악한 교육 환경을 직접 전

노벨상 시상식에서 연설하는 말랄라 유사프자이.

하기도 했지요. 이 사건을 계기로 탈레반은 그녀를 죽이려 했어요. 말랄라 유사프자이는 학교 수업을 마치고 집으로 돌아가다 괴한들의 총을 맞았어요. 말랄라 유사프자이는 간신히 목숨을 구했지만 크게 다쳐 몇 번의 수술을 받아야 했어요. 그럼에도 그녀는 여성과 아동의 인권과 자유를 주장했고, 배움을 멈추지도 않았어요. UN은 2013년 7월 12일, 말랄라 유사프자이의 생일을 '말랄라의 날'로 지정했어요.

말랄라 유사프자이는 무슨 업적을 남겼나요?

- 전 세계의 모든 아동들이 학교에 다닐 수 있게 하자는 탄원서를 UN에 제출했어요. 이 탄원서를 계기로 파키스탄 최초의 교육권 법안이 마련되었어요.
- 사하로프 상(유럽 의회가 인권과 자유 수호에 공헌한 개인이나 단체에 수여하는 상)을 수상했어요.
- 세계 어린이상과 노벨 평화상을 수상했어요.

말랄라 유사프자이, 대학을 졸업하다!

말랄라 유사프자이는 극단주의자들의 테러 이후 가족들과 함께 영국 버밍엄으로 이주했어요. "한 명의 아이, 한 명의 선생님, 한 권의 책, 한 개의 펜이 세상을 바꾼다."고 말했던 말랄라 유사프자이는, 자신의 말처럼 학업과 교육에 대한 열망과 권리를 놓지 않았어요. 그녀는 2017년 영국 옥스퍼드 대학교 여성 대학인 레이디 마거릿 홀 칼리지에 입학했어요. 이 대학은 바로 파키스탄의 정치가이자 이슬람 국가 최초의 여성 총리였던 베나지르 부토가 다녔던 곳이에요. 이곳에서 말랄라 유사프자이는 정치, 철학, 경제학을 공부했고, 2020년 6월 무사히 졸업했어요.

작가의 말
편견의 벽을 깨고 세상으로 나아가요!

나는 어렸을 때 여행가가 되고 싶었어요. 배를 타고 세계를 여행하는 동화책을 읽고 나서였지요. 해외에 쉽게 나가지 못할 때라 그 꿈은 더 간절했어요.

"여자가 무슨 여행가가 돼?"

어느 날 엄마에게 그 꿈을 얘기했다가 야단을 맞았어요. 엄마는 세계를 여행하는 건 무척 위험하고 어려운 일이라고 했어요. 어렵기도 하고요. 물론 그렇겠지요. 아프리카 밀림을 탐험하다 보면 사고가 일어날지도 몰라요. 긴 사막을 걷는 건 어렵고 힘들 테고요. 그런데 그것과 여자가 무슨 상관이 있는지 알 수 없었어요.

"여자가 할 수 있는 일을 찾아봐."

엄마는 이렇게 말했어요. 나는 여자가 할 수 있는 일이 뭔지 찾아내려고 애썼어요. 하지만 결국 찾을 수 없었어요.

엄마는 내가 여자들만 다니는 중학교, 고등학교에 가길 바랐어요. 대학도 여자들만 다니는 곳에 가길 원했지요.

나는 시간이 지나면서 깨달았어요. 세상에는 여자가 할 일, 남자가 할 일이 따로 있지 않다는 것을요. 일은 성별에 따라 달라지는 게 아니라 각자 마음가짐에 달려 있다는 것을 말이에요.

그리고 '여자는 안 된다.', '여자는 할 수 없는 일이다.'라는 편견의 벽을 깬 당당한 여성들로 인해 세상이 많이 바뀌었다는 것을 알았어요. 수많은 여성들이 어둡던 세상 한 켠에 찬란한 빛을 비추었다는 것을요.

나는 이 책에서 '홍가시'라는 대한제국 시대의 여자아이를 만들었어요. 내가 어렸을 때보다 성차별이 훨씬 더 심했던 시대에 사는 아이지요. 가시는 호기심이 많고 하고 싶은 것도 많아요. 하지만 '여자가 어떻게'라는 말에 갇혀 제 꿈을 펼쳐보지 못했지요. 나는 가시에게 편견의 벽을 깬 여성 위인들을 만나게 해 주고 싶었어요. 그리고 멋진 여성으로 거듭나는 가시의 모습을 여러분에게 보여 주고 싶었어요. 나는 여러분이 가시와 함께 그들을 만나면서 여러분 마음속에 있을지도 모르는 편견을 깨길 바라요. 그럴 때 나 자신도, 세상도 더 발전할 수 있거든요.

나는 여행가가 되지 못했지만 작가가 되었어요. 가시는 내 꿈을 대신해 세계를 여행하고 있어요. 작가가 된 것은 정말 다행이에요. 더 많은 꿈을 꿀 수 있게 되었으니까요.

우리 모두 가시와 함께 세계로 나가 볼까요?

동화작가 박현숙